창의적 문제해결

창의적 문제해결

Creative Problem Solving

정수정 저

동문사

머리말
PREFACE

삶은 문제해결의 과정입니다.

우리는 삶을 살고, 공부하고, 일할 때, 아침에 일어나서부터 잠자리에 들 때까지 수도 없이 많은 문제를 마주합니다. 그리고 그 문제를 열심히 풀어가며 생활합니다.

그러므로 문제해결이 왜 필요한가? 문제는 왜 해결해야 하는가?라는 질문은 결국 "왜 살아가는가?"라는 질문과 같습니다.

그래서 우리에게는 "가장 중요한 때는 언제인지, 가장 중요한 사람은 누구인지, 가장 중요한 일은 무엇인지, 정말로 내가 원하는 것은 무엇인지" 등과 같은 근본적인 질문과 사유를 통해 삶의 문제를 인식하고 성찰해 보는 시간이 꼭 필요합니다. 이는 일에서도 마찬가지입니다. 문제해결을 위해서 가장 큰 문제는 문제가 무엇인지 모르는 것입니다. 삶을 바라보는 관점을 달리하면 세상이 달라 보이기도 합니다. 생각을 바꾸면 문제가 아니었던 것이 문제가 되기도 하고, 문제였던 것이 문제가 안 되기도 합니다. 가끔은 바쁜 일상에서 멈추어 생각해 보는 시간을 가지는 것이 그렇기 때문에 중요합니다.

삶이 문제해결의 과정이라 생각할 때 성공적인 문제해결과 삶을 위해 우리는, 우선 자기 삶의 주인은 자기 자신이라는 것을 알고 항상 능동적으로 최선을 다해야 합니다. 그리고 가치관, 태도, 윤리 의식을 점검해야 합니다.

우리 사회는 인간관계가 얽혀 있는 곳이고 내가 해결할 수 없는 수많은 일이 산재해 있습니다. 그래서 최선을 다했지만 실패하는 경우가 있습니다. 그러므로 서로를 이해하고 소통하는 협업 능력이 필요합니다. 또 실패를 받아들일 수 있는 용기와 좌절하지 않고 다음을 위해 끊임없이 노력하는 자세가 필요합니다.

그리고 중요한 것은 문제를 잘 해결하려면 늘 새로워져야 한다는 것입니다. 늘 하던 대로 답습만 한다면 발전이 없습니다. 그래서 우리에게는 창의성이 필요하고 창의적 문제해결이 필요합니다. 현재 우리는 디지털 대전환의 시대를 살아가고 있습니다. 디지털 사회는 정보의 양이 많고 속도가 빠르고 복잡하므로, 기존의 해결법으로는 적응하기 어려운 새로운 문제들이 지속해서 발생합니다. 또한 디지털 사회는 정보의 공유와 소통이 활발하고 다양하므로, 협업과 네트워킹에 능숙한 인재가 필요합니다. 이러한 문제들을 해결하기 위해서는 변화에 적응하고 선도할 수 있는 창의적인 사고와 통찰력이 필요합니다. 창의적 문제해결능력은 새로운 기술과 트렌드를 이해하고, 그에 맞는 새로운 아이디어와 가치를 창출하고, 실현하는 방법입니다. 또한 다른 사람들과 의견을 교환하고, 다양한 관점과 경험을 존중하고, 공동의 목표 달성을 위한 협력에도 필수적입니다.

이 책은 창의적 문제해결능력을 함양을 위한 내용으로 4부 총 12장으로 구성되었습니다. 각 장의 처음에는 학습목표를 제시하고 마지막에는 배운 내용을 적용해 볼 수 있도록 활동 과제를 제시하였습니다. 이 책을 활용하는 대상이 학생들이므로 주로 직업생활과 관련된 다른 문제해결 책과는 달리 전반적인 삶의 문제해결을 위한 내용과 과제로 구성하였습니다.

1부는 문제와 문제해결의 개념 이해로 구성합니다. 문제와 문제해결을 올바로 이해하는 것이 창의적 문제해결의 시작이기 때문입니다. 2부는 문제해결의 토대로 구성했습니다. 문제해결의 주인인 나에 대한 이해와 분석, 문제해결에 관계된 인간관계 파악을 위한 인간심리 이해, 문제를 인식하고 해결안을 찾는 데 꼭 필요한 정보 수집과 처리능력에 대한 내용이 담겨 있습니다. 3부는 문제해결 사고력으로 구성했습니다. 문제해결을 위해서는 종합적이고 통합적인 사고력을 개발해야 하는데 이를 위해 창의적 사고, 비판적 사고, 논리적 사고, 합리적 사고에 대해 학습합니다. 4부는 실제 문제를 해결하는 데 필요한 문제해결실행능력으로 구성했습니다. 문제를 실제 해결하기 위해 꼭 알아야 할 의사결정, 퍼실리테이션, 문제처리능력에 대해 학습합니다.

머리말
PREFACE

이 책이 오늘에 충실하고 미래를 살아가는 학생들 삶의 문제를 해결하는 데 도움이 되기를 기대해 봅니다.

끝으로 이 책의 출간을 가능하게 해주신 이중수 사장님, 그리고 유재영 상무님과 편집부 여러분께 깊은 감사를 드립니다.

변화 없는 오늘을 산다면 나의 내일은 절대 달라지지 않습니다.

같은 행동을 반복하면서 다른 미래,
더 나은 미래를 꿈꾼다는 것은 미친 짓이다.
- 알버트 아인슈타인(Albert Einstein)-

참의적 문제해결

머리말 _ 5

PART 01 문제와 문제해결의 개념 이해

CHAPTER 01 문제란 무엇인가? 15

1. 문제의 개념 15
2. 문제의 인식 16
3. 문제 기술의 원칙과 SMART 기술법 21

CHAPTER 02 창의적 문제해결이란 무엇인가? 31

1. 창의적 문제해결이란? 31
2. 문제해결능력 32
3. 문제해결의 단계 38
4. 문제해결의 장애요인 40
5. 문제해결에 도움이 되지 않는 사고의 오류 41

차 례
CONTENTS

PART 02 문제해결의 토대

CHAPTER 03 나에 대한 탐구 51

1. 자아(自我, Ego)란? 51
2. 자의식 53
3. 자기분석 57

CHAPTER 04 인간심리 이해하기 73

1. 문제해결에 심리학 이론이 필요한 이유 73
2. 스탠리 밀그램의 "권위에 의한 복종이론" 74
3. 달리와 라테네의 방관자 이론(Bystander Effect) 80

CHAPTER 05 정보 수집 및 관리 87

1. 정보란 무엇인가? 87
2. 정보능력이란? 89
3. 정보수집전략 93
4. 정보보호 96

창의적 문제해결

PART 03 문제해결 핵심 사고력

CHAPTER 06 창의적 사고와 창의적 사고 개발 109

1. 창의적 사고의 개념 109
2. 창의적 인재 110
3. 창의적 사고의 장애요인 113
4. 창의적 사고의 개발 115
5. 창의적 사고 개발 기법의 활용 117

CHAPTER 07 비판적 사고와 비판적 사고 개발 127

1. 비판적 사고의 개념 127
2. 비판적 사고의 시작 128
3. 비판적 사고의 개발 133

CHAPTER 08 논리적 사고와 논리적 사고 개발 143

1. 논리적 사고란? 143
2. 논리적 사고의 활용 148
3. 논리적 사고의 필요성과 장점 151
4. 논리적 사고의 개발 154

CHAPTER 09 합리적 사고와 합리적 사고 개발 165

1. 합리적 사고란? 165
2. 합리적 사고의 과정 165
3. 합리적 판단 166
4. 사고의 유형 168
5. 의사결정 스타일 170
6. 합리적 사고 개발 172
7. 비합리적 사고 174

차 례

CONTENTS

PART 04 문제해결실행능력

CHAPTER 10 문제해결을 위한 의사결정 185

1. 의사결정이란 무엇인가? 185
2. 의사결정의 변수 188
3. 의사결정의 윤리성 191
4. 집단사고 192
5. 의사결정이 실패하는 이유와 성공적 의사결정의 방법 194

CHAPTER 11 퍼실리테이션 203

1. 퍼실리테이션의 필요성 203
2. 퍼실리테이션(Facilitation)이란? 204
3. 퍼실리테이션의 활용 207
4. 퍼실리테이션 모형의 이해와 적용 210

CHAPTER 12 문제처리능력 221

1. 문제해결의 절차 221
2. 문제 인식 222
3. 문제도출 224
4. 문제의 원인분석 226
5. 해결안의 개발 228
6. 실행 및 평가 231

참고문헌 _ 236

PART 01

문제와 문제해결의 개념 이해

❐ 학습목표

1. 문제의 개념을 설명할 수 있다.
2. 문제를 올바로 인식하는 방법과 기준을 설명할 수 있다.
3. 문제 유형별 특징을 구분할 수 있다.
4. 문제 진술의 원칙과 SMRART 문제 기술법을 알고 적용할 수 있다.

CHAPTER

01 문제란 무엇인가?

1. 문제의 개념

문제(問題)의 사전적 정의는 "사람을 생각하게 하거나 괴롭히게 할 수 있게 되는 일이나 종류 따위"이다. 표준국어대사전에서는 문제를 ① 해답을 요구하는 물음, ② 논쟁, 논의, 연구 따위의 대상이 되는 것, ③ 해결하기 어렵거나 난처한 대상 또는 그런 일, ④ 귀찮은 일이나 말썽, ⑤ 어떤 사물과 관련되는 일이라고 정의한다.

문제는 정확히 현재 상황과 기대상황 또는 목표의 차이를 뜻하며, 문제의 사전적 정의는 이러한 차이를 설명하는 것으로 볼 수 있다. 문제란 아래와 같이 설명할 수 있다.

① 명확한 해결방안이 보이지 않는 바람직하지 않은 상태
② 기대수준(what should be)과 현재 수준(what is)의 차이
③ 목표와 현상의 차이, 기대되는 결과와 실제 결과의 차이

따라서 문제해결을 위해서는 문제를 정확하게 파악하는 것이 중요하다. 문제를 정확하게 파악한다는 것은, 현재 상황과 기대상황을 정확히 파악하여 그 차이가 어느 정도인지 확실히 인지한다는 것이다.

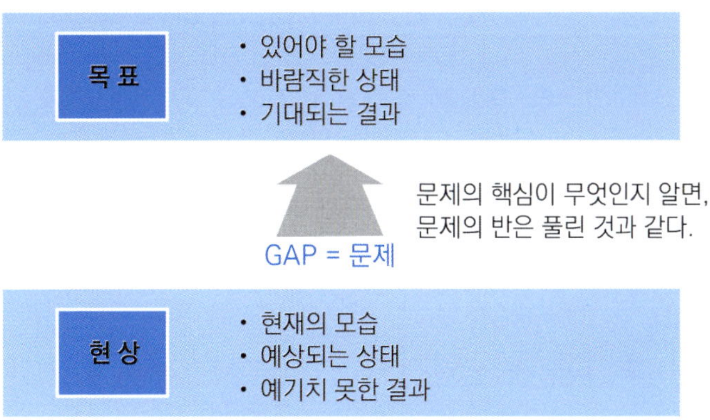

| 그림 1-1 | 문제의 정의

전체를 살펴보는 현명함

어느 마을에 현명한 선생님에게 한 여인이 찾아와 쌍둥이인 어린 아들들이 너무나도 산만하여 집중하지 못한다는 고민을 털어놓았습니다. 그러자 선생님은 쌍둥이 아이들을 가르칠 테니 자기 집으로 보내라고 했습니다.

그렇게 쌍둥이들을 일 년간 가르치던 선생님은 아이들이 많이 침착해졌다고 생각하고 마지막 시험을 치르기로 했습니다. 쌍둥이를 각각 다른 방으로 부른 선생님은 쌍둥이에게 그 방을 청소하라고 시켰습니다. 그 방은 모두 바닥이 축축하게 젖어있었습니다. 방구석에 놓인 물항아리에 작은 금이 있어 계속 물이 새고 있었기 때문입니다. 방바닥의 물을 계속 닦아내던 한 아이는 아무리 닦아도 계속 바닥이 축축한 것을 보고, 원인을 찾기보다는 결국 짜증을 내며 방 밖으로 나가버렸습니다. 똑같이 계속 방바닥을 닦던 또 다른 아이는 물이 새어 나오는 항아리의 물을 다 비운 뒤에 방 안을 깨끗하게 청소할 수 있었습니다. 그것을 본 선생님은 청소를 마친 아이는 어머니 곁으로 돌려보내고 그렇지 못한 아이는 더 가르쳤습니다.

차분하게 전체를 살펴보는 능력. 이것을 보통 '현명함'이라고 말합니다. 무슨 일을 진행할 때 전체를 보지 못하면 뭔가가 잘못되어도 무엇이 잘못인지 문제점을 발견할 수도 없습니다. 문제를 발견하지 못하면 어떤 방법도 해결책이 될 수 없습니다.

문제를 바르게 파악하면 절반은 해결된 것이다. - 찰스 F. 케터링 -

-따뜻한 편지 2448호-

2. 문제의 인식

문제해결의 가장 기본은 문제를 올바로 인식하는 것이다. 문제 인식의 첫 번째 단계는 '문제의 주인이 누구인가?'를 밝히는 일이다. 두 번째 단계는 문제를 올바르게 정의하는 것이고, 세 번째 단계는 문제의 유형을 파악하는 것이고, 마지막 단계는 문제의 우선순위를 정하는 것이다.

(1) 문제의 주인은 누구인가?

문제의 주인이라는 것은 문제를 해결하기 위해 책임과 권한을 가진 사람이나 조직을 의미한다. 문제해결을 위해서 문제를 해결해 나갈 주체를 명확히 밝히는 것은 당연하다. 문제의 주인을 밝히는 것은 문제 정의에 필수적인 문제의 현황을 분석하고 기대하는 상황이나 목표 설정을 위해 필요한 자원과 정보를 확보하는 데 중요하다.

① 문제의 주인은 문제해결에 필요한 자원과 정보를 제공하거나 확보할 수 있다. 예를 들어, 문제의 주인이 고객이라면 고객의 요구사항이나 만족도를 파악할 수 있고, 문제의 주인이 상사라면 상사의 기대치나 평가 기준을 알 수 있다.

② 문제해결에 대한 책임과 결과에 대해 명확하게 합의하고 인정할 수 있다. 예를 들어, 문제의 주인이 팀원이라면 팀원들과 함께 문제해결의 목표와 방법을 정하고, 문제해결의 성과를 공유하고 인정할 수 있다.

③ 문제의 주인은 문제해결에 대한 동기와 자신감을 부여하거나 강화할 수 있다. 예를 들어, 문제의 주인이 자신이라면 자신이 문제해결에 적극적으로 참여하고, 문제해결의 과정과 결과에 대해 자부심과 만족감을 느낄 수 있다.

따라서 문제의 주인을 밝히는 일은 문제해결에 최우선 단계이다. 문제의 주인을 밝히면 문제해결에 대한 명확성과 신뢰성을 높일 수 있으며, 문제해결에 대한 효율성과 효과성을 향상할 수 있다. 그러나 문제의 주인을 명확히 하는 것이 문제 발생의 탓과 좋지 못한 결과에 대한 책임 전가를 위해서는 아니라는 것을 꼭 유의해야 한다. 다음과 같은 질문들을 통해 문제의 주인을 명확히 할 수 있다.

- 문제가 발생한 상황에서 무엇이 잘못되었는가?
- 문제가 발생한 원인은 무엇인가?
- 문제를 해결하기 위해 무엇이 필요한가?
- 문제를 해결할 수 있는 사람이나 조직은 누구인가?
- 문제를 해결하면 어떤 이익이나 효과가 있을 것인가?

(2) 문제 올바로 정의하기

문제를 올바로 정의하면 문제의 반은 해결된 것이라 할 수 있다. 문제 정의가 중요한 이유는 첫째, 문제의 원인과 영향을 파악하고, 목표 수준을 설정할 수 있기 때문이다. 따라서 정확한 해결책을 제시하여 평가하고 상황을 개선하는 데 도움이 된다. 둘째, 문제의 정의는 문제에 대한 공감과 이해를 증진시킬 수 있으므로 관련자들과의 소통과 협력을 촉진한다. 셋째, 문제를 올바로 정의하면 문제의 범위를 정확하게 파악하고 중요도를 명확하게 할 수 있다. 따라서 문제의 정의는 자원과 시간을 효율적으로 배분하고, 우선순위를 결정하는 데 핵심적인 요소이다.

(3) 문제의 유형

문제의 유형은 대표적으로 발생형 문제, 탐색형 문제, 설정형 문제로 구분할 수 있다.

① 발생형 문제

발생형 문제는 이미 일어난 문제, 즉 목표와 현 상황 사이에서 이미 차이가 발생한 문제이다. 미리 정해진 기준이나 규칙에서 벗어난 '이탈 문제'와 예정 목표 또는 과제를 달성하지 못한 '미달 문제'로 세분화할 수 있다. 발생형 문제는 원인을 찾아 해결하는 것이 중요하다.

발생형 문제의 예로는 자동차를 타고 가다가 펑크가 나거나 고장이 나서 도로에 서버리는 경우, 몸에 병이 나서 병원에 가야 하는 경우, 제품의 결함이나 고객의 불만이 생기는 경우, 페인트 색이 붉은색이어야 하는데 주황색을 띠고 있는 경우 등이 있다.

② 탐색형 문제

탐색형 문제는 아직 일어나지 않은 문제로 목표 수준을 더 높게 설정함으로 인해 나타나는 문제이다. 눈에 보이지 않는 문제를 찾아내고 예방하는 방식이다. 의도적으로 만들어내는 문제인 개선 문제와 현재 시스템의 원인-과정-결과를 더 체계화하기 위한 문제인 강화 문제로 세분화할 수 있다. 탐색형 문제의 해결을 위해서는 현 상황을 분석하고, 개선 방법을 도출하고, 실행 및 평가하는 과정이 필요하다.

탐색형 문제의 예로는 전년 대비 품질 30% 향상, 매출 30% 증가하기, 취미로 배우고 싶은 외국어를 공부하기, 건강을 위해 운동하기, 다이어트 등이 있다.

③ 설정형 문제

설정형 문제는 미래의 상황에 대응하는 문제로, 처음부터 경험이 전혀 없는 새로운 것을 만들어내려 하는 창조적인 문제 또는 미지의 상황에 대한 가설을 세우고 그 가설을 경험적 데이터를 근거로 분석해야만 찾을 수 있는 문제이다. 지금까지와 완전히 다르고 새로운 목표를 설정해서 해결해야 하는 문제인 '개발형 문제'와 미래 위험을 사전에 피하려고 해결해야 하는 '사전 대비 문제'로 세분화할 수 있다. 설정형 문제는 결국 장기적인 목표나 전략을 수립하는 방식으로 해결할 수 있다.

설정형 문제의 예로는 기존과는 완전히 다른 기능과 스펙을 가진 신제품을 개발하는 경우로 예를 들어, 아이폰이나 테슬라 자동차와 같은 혁신적인 제품들은 기존의 제품과는 차별화된 기능과 디자인을 하고 있으며, 개발 과정에서 많은 창의력과 실험을 필요로 한다. 또는 전혀 고객의 특성을 모르는 신시장을 개척하는 경우로, 한국에서 중국 시장에 진출하려는 기업은 중국 고객의 필요와 트렌드를 파악하고, 경쟁사와의 차별점을 만들어내기 위해 다양한 가설을 세우고 검증해야 한다. 다음으로는 새로운 HR 제도, 경영정보 시스템 개발의 경우가 있다. 기업이 재택근무나 유연근무제도를 도입하려면, 그에 따른 인사 평가나 업무 관리 방식을 새롭게 설계하고, 구성원들의 반응이나 효과를 모니터링하고 개선해야 한다. 이런 경우 예상하는 문제를 설정형 문제라 할 수 있다.

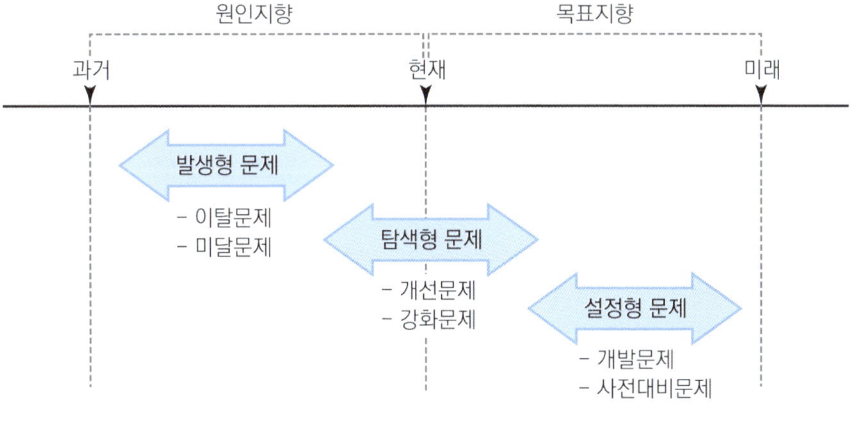

그림 1-2 문제의 유형

문제의 유형을 밝히는 일은 다음과 같은 이유로 중요하다.

㉠ 문제의 유형에 따라 문제해결에 필요한 접근 방법 및 기법이 다르다. 예를 들어, 발생형 문제는 원인을 찾아 제거하는 것이 중요하고, 탐색형 문제는 유인을 예방하는 것이 중요하고, 설정형 문제는 새로운 목표를 달성하는 것이 중요하다. 그러므로 문제의 유형이 무엇인지 알면 문제해결에 적절한 전략을 수립하고 도구를 선택할 수 있다.

㉡ 문제의 유형에 따라 문제해결에 필요한 정보와 자원이 달라진다. 예를 들어, 발생형 문제는 현황과 목표와의 차이 분석에 필요한 자료와 데이터가 필요하고, 탐색형 문제는 미래를 예측할 수 있는 시나리오와 시뮬레이션이 필요하며, 설정형 문제는 새로운 것의 창조와 개발을 위해 아이디어와 창의력이 필요하다. 따라서 문제의 유형에 따라 문제해결에 필요한 필수적인 자원과 정보를 확보할 수 있다.

㉢ 문제의 유형에 따라 문제해결에 적합한 관련자와 협력자가 다르다. 예를 들어, 발생형 문제는 문제가 발생한 친구, 가족, 학교, 조직의 관련자와 협력해야 하고, 탐색형 문제는 문제가 발생할 수 있는 친구, 가족, 학교, 조직의 관련자와 협력해야 하며 설정형 문제는 문제를 해결할 수 있는 친구, 가족, 학교, 조직의 관련자와 협력해야 한다. 따라서 문제의 유형을 밝히면 문제해결을 지원하는 관련자와 협력자를 파악할 수 있다.

(4) 문제의 우선순위 측정기준

문제의 우선순위 측정기준은 시급성, 영향도, 심화 가능성으로 나누어 볼 수 있다.

① 시급성

문제를 해결하지 않으면 얼마나 빨리 상황이 악화되는지, 또는 더 이상 문제를 해결할 수 없는 심각한 결과를 초래할지에 따라 우선순위를 정하는 기준이다. 일반적으로 시간이 지날수록 문제가 커지거나 더 이상 문제해결이 불가능할 때 시급성이 높다고 할 수 있다.

② 영향도

문제를 해결하지 않을 경우 영향을 받을 사람과 분야의 범위가 어느 정도인가에 따라 우선순위를 측정하는 기준이다. 일반적으로 문제가 개인적이라기보다 집단적이거나 사회적이고, 문제의 범위가 넓으면 영향도가 높다고 할 수 있다.

③ 심화 가능성

문제의 근본적인 원인이나 구조적인 요인과의 관련성 정도에 따라 우선순위를 정한다. 심화 가능성이 높은 문제는 보통 근본적인 것과 관련이 있으므로 일반적으로 표면적인 문제라기보다 깊이 있는 문제이다. 또한 문제의 성격이 복잡하다. 따라서 문제를 신속하게 해결하지 않으면 심각해질 위험이 매우 높다.

문제의 우선순위 측정기준으로 시급성, 다른 문제에 미치는 영향도, 심화 가능성을 사용하는 이유는 이 세 가지 기준이 문제의 중요성과 긴급성을 포괄적으로 평가하는 데 유용하기 때문이다. 시급성은 문제가 얼마나 급한지를 보여주고 심화 가능성은 문제가 정지되어 있는지 아니면 진행형인지를 나타낸다. 영향도는 이 문제를 해결하지 않을 경우 다른 일에 미칠 영향을 나타낸다. 이러한 측정기준을 가지고 문제의 우선순위를 결정하면 문제해결에 필요한 자원을 효율적으로 활용하여 가장 중요한 문제부터 해결할 수 있다.

3. 문제 기술의 원칙과 SMART 기술법

(1) 문제 기술의 원칙

문제의 명확한 정의를 위해 문제를 기술할 때는 다음과 같은 사항들을 고려한다.

① 객관적이고 측정 가능한 방식으로 문제 기술하기
② 언제, 어디서, 어떻게, 누구에게 발생했는지 또는 발생하는지 명시하기
③ 문제가 발생하는 배경과 맥락 설명하기
④ 문제가 재정적, 사회적, 환경적 요인에 미치는 영향과 비용 분석하기
⑤ 문제해결을 위한 목표와 기대 결과 명확하게 설정하기
⑥ 문제해결을 위한 구체적인 활동과 방법 제시하기
⑦ 문제해결을 위한 자원과 시간 적절하게 배분하기
⑧ 문제해결을 위한 평가 전략과 피드백 과정 설계하기
⑨ 문제해결을 위한 윤리적 사항 고려하여 반영하기

이러한 문제 기술은 결국 목표하는 바에 도달하여 문제를 해결하기 위한 것이다.

(2) 목표를 설정하는 방법: SMART 기술법

문제해결을 위해 목표를 설정할 때는 그 목표가 사적이든 업무적이든 반드시 나에게 중요한 것이어야 한다. 목표를 바르게 설정하지 않으면 실천에도 문제가 생기고 결국 문제해결이 어려워진다. 그래서 목표는 여러 가지를 고려해 효율적으로 수립해야 한다.

SMART 기술법은 조지 도란(George T. Doran)이 1981년에 최초로 제시하고 로버트 루벤(Robert S. Ruben) 교수가 발전시킨 확장한 개념으로 SMART는 다음을 나타내는 약자이다.

- Specific(구체적)
- Measurable(측정 가능한)
- Achievable(달성 가능한)
- Realistic(현실적)
- Time-bound(기한이 있는)

SMART 목표는 길에 놓인 도로 표지판과 같아서 현재 어디에 있고 얼마나 잘하고 있는지도 알려준다. 결승점에 도달하는 것뿐 아니라, 그곳에 도달하는 데 필요한 단계와도 관련된 것이다.

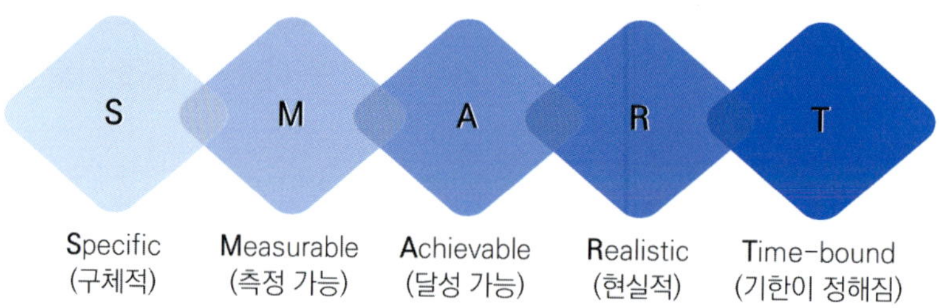

그림 1-3 SMART 목표

① Specific: 명확한 목표

막연한 목표보다는 목표와 기대치를 명확히 하는 것이 목표 실현의 가능성이 크다. 목표가 너무 모호하거나 광범위하면 측정하고 달성하기가 어렵다. 목표가 지나치게 모호하면 실수와 오해가 많아진다. 구체적인 목표가 있으면 시작부터 끝까지 경로를 살펴볼 수 있다.

명확한 목표 수립을 위한 질문:

- 계획의 구체적인 단계는 무엇인가?
- 목표 달성에 필요한 사람은 누구인가?
- 노력을 투입해야 할 곳은 어디인가?
- 수립한 목표가 장기 전략에 가치 있다고 판단되는 이유는 무엇인가?
- 다른 목표 대비 이 목표의 우선순위는 어떻게 되는가?

② Measurable: 측정 가능한

목표 달성으로 가는 경로가 성공적인지 판단하기 위해서는 정량화된 데이터 등의 구체적인 판단 기준을 정해 이를 측정할 수 있어야 한다. 정확한 측정이 어려우면 자신의 상황을 판단하기 어렵고 과정이 잘못되었을 때 수정할 수 없다. 그러므로 목표 진척 상황을 측정하여 계획에서 이탈하지 않도록 해야 한다. 측정 가능한 목표와 기준이 있으면 자신의 성과를 지속해서 평가하여 계획된 경로를 지키게 한다. 또한 서로 격려하며 수시로 목표를 측정하면 목표 달성을 위한 동기를 부여할 수 있다.

측정 가능한 목표 수립을 위해 다음의 질문에 답해보자.

- 필요한 데이터는 어떤 것인가?
- 데이터에 어떻게 접근할 것인가?
- 검증 가능하고 신뢰할 수 있는 데이터인가?
- 합리적인 단계별 목표가 있는가?
- 목표 달성 여부를 어떻게 알 수 있는가?

③ Achievable: 달성 가능한

목표를 설정했다면 이를 실현할 방법을 생각하고, 목표 달성에 필요한 지식, 기술, 태도를 갖추도록 노력해야 한다. 또한 목표를 달성할 수 있도록 현명하게 단계별 계획을 수립해야 한다. 단계별 계획이 명확하면 대부분 목표를 달성할 수 있고, 목표에 다가갈 기회들을 발견할 수 있다. 그러므로 최종 목적을 파악하고 현실적인 능력 내에서 목표를 수립하는 것이 중요하다. 감정에 지나치게 휩쓸려서도 안 되고, 달성할 수 없는 목표를 동기 요인으로 삼아서도 안 되며, 지극히 고상한 목표만 추구해서도 안 된다. 자신과 관계자 모두 성취로 인해 실질적인 성과와 만족감을 가질 수 있는 목표를 수립해야 한다. 목표를 세울 때 야

심 차게 성공을 추진해야 하지만, 내적, 외적 한계도 알아야 한다. 또한 성취는 지속 가능해야 한다.

달성 가능한 목표 수립을 위해 다음의 질문에 답해보자.

- 목표 달성에 어떤 단계가 필요한가?
- 목표 달성에 본인이 직접 통제 가능한 부분은 어디까지인가?
- 이전 목표 달성 사례는 무엇인가?
- 목표가 이전 성과와 비교해 현실적인가?
- 목표 달성이 가능하다고 생각하는 이유는?
- 목표 달성을 방해할 수 있는 외부 요인과 내부 요인은 무엇인가?

달성 가능한 SMART 목표의 예: 수색 구조견은 지진이나 테러 공격과 같은 재난이 발생했을 때 생존자를 찾는 단 하나의 목표가 있다. 조련사는 끔찍한 재난 현장에서 수색 구조견에게 동기를 부여하기 위해 구조견이 구조할 '가짜' 생존자를 숨겨 놓기도 한다. 그러면 구조견은 힘든 일을 계속할 동기가 생긴다. 이러한 성취감은 성취를 위한 올바른 행동이 계속되게 힘을 주고 지탱해 준다.

④ Realistic 그리고 Relevant: 현실적이고 관련된

설정한 목표와 나의 가치관과 목적이 부합하는지 생각해봐야 한다. 또한 현실적인지 분석해야 한다. 절대 달성할 수 없는 목표를 세우면 팀은 열심히 노력하지 않고, 목표가 너무 쉬우면 팀은 더 이상 발전하지 않을 것이다.

또한 목표가 시간 경과에 따라 궁극적 목표나 비즈니스 목표와 관련되어 있는지 반드시 확인해야 한다. 목표를 단기 전략 및 장기 전략과 비교해 측정해야 하고 지금의 전략이 효과가 있다고 해서 항상 또는 미래에도 효과가 있는 것은 아니므로 시간의 흐름에 따라 기준을 조정하는 것이 옳다. 따라서 변화가 필요한 시점을 아는 것이 중요하다. 장기 목표를 염두에 두고 단기 전술을 수정하는 것은 장기 계획 달성에 도움이 되므로 절대 두려워하면 안 된다.

현실적이고 관련된 목표 수립을 위해 다음의 질문에 답해보자.

- 왜 지금 이것이 목표인가?
- 왜 과거에는 이것이 목표가 되지 않았는가?
- 이 목표를 추진하는 데 적합한 인물은 누구인가?
- 이 목표가 장기 전략을 어떻게 촉진하는가?
- 예상되는 성과는 어떠한가?

- 목표 달성에 실패하면 어떤 결과가 발생하는가?

현실적인 SMART 목표의 예: 지금까지 한 번도 산 정상까지 오른 적이 없는 사람의 궁극적 목표가 에베레스트산 등반이라면 에베레스트산으로 곧장 향하는 것은 비현실적이다. 위에 제시된 기준은 먼저 다음과 같은 질문을 스스로에게 해야 한다고 말한다. 도대체 왜 에베레스트산에 오르려 하는지, 자신이 에베레스트산에 오르기에 적합한 사람인지 그리고 정상에 오르지 못하면 어떤 결과가 발생하는지 물어봐야 한다는 것이다. 만약 실행하기로 한다면 위업 달성을 위한 현실적인 훈련 일정을 수립해야 한다.

⑤ Time-bound: 기한이 있는

목표 달성에 기간이 정해져 있지 않으면 아무런 의미가 없다. 기한이 정해져 있지 않다면 '나중에 해야지', '언젠가 하겠지'라며 미루게 된다. 그래서 목표는 언제까지 달성할 것인지 완료 기한을 정해두는 것이 좋다. 중장기적인 목표, 장기적인 목표는 단기목표를 만들어 측정하며 달성해 나가는 것이 중요하다.

기한이 있는 목표를 세울 때 다음의 질문에 답해보자.

- 주어진 기간 내에 목표를 달성할 수 있는가?
- 목표 달성까지 필요한 가장 짧은 기한과 가장 긴 기한은 어느 정도인가?
- 목표 달성을 지연할 수 있는 시간 관련 요소 또는 잠재적 방해 요소는 무엇인가?
- 과거에 유사한 기한 내에 어떠한 성취를 이루었는가?
- 진척 상황을 언제 어떤 방식으로 점검할 것인가?
- 중간 지점쯤에서 계획에서 벗어나 있다면 어떻게 할 것인가?
- 자연적으로 진척이 느려지거나 빨라질 수 있는 시기가 있는가?

기한을 정한 SMART 목표의 예: 모든 사람이 새해가 되면 '헬스장에 더 자주 가겠다'고 결심한다. SMART 목표 수립에는 헬스장에 정확히 몇 번 가고 몇 시간 운동할지가 포함된다. 대략적 목표가 아니라, 하루에 한 시간씩 일주일에 세 번 운동할 거라고 결심하는 것이다. 또는 체중을 감량하고자 한다면 '앞으로 3개월 동안 약 5kg을 빼겠다'는 기한이 있는 목표를 정할 것이다. 그런 다음 2주마다 확인할 단계별 목표를 정해 계획에서 벗어나지 않도록 한다. 당연히 이 목표의 다른 세부 사항은 나머지 SMART 기준에 따라 결정된다.

나만의 SMART 목표를 작성해보자

SMART의 5가지 기준을 모두 사용하면 강력하면서도 직접적인 목표를 설정할 수 있다. SMART 목표 설정을 기준으로 나만의 목표를 설정할 때 고려할 것을 살펴보면 다음과 같다.

1. 나만의 필요를 반영하여 목표 세우기
   SMART 목표는 성과목표를 잘 설정해야 한다. 개인적 또는 비즈니스의 필요에 가장 잘 맞는 것이 무엇인지 늘 신중히 고려해야 한다.
2. SMART를 소통과 투명성의 한 형태로 활용하기
   명확한 정보를 활용하면 팀과 관리자가 더 나은 행동을 취할 수 있다. SMART는 현재 자신이 상태와 수준을 알려주는 방법으로 고안되었다. 모든 사람이 목표와 목표 도달을 위한 기준을 이해한다면 힘을 합쳐 성공할 수 있다.
3. 최선의 경로를 신중히 계획하고 진행하며 점검하기
   효과적으로 장기 목표에 도달하는 데 도움이 되는 달성 순서와 작업 순서를 계획하면 좋다. SMART에서 목표를 세밀하게 구체적으로 나눌 것을 강조하므로 여러 개의 단계별 목표를 세우게 된다. 일부 목표는 즉시 효력을 나타내고 일부 목표는 다른 목표의 성공 여부에 따라 유효하다.
4. SMART는 대기업이나 팀 목표만을 위한 것이 아니다.
   SMART는 비즈니스 목표를 설정하고 진척을 측정하는 데 아주 유용한 방법으로 자주 언급되는 기준이지만, 개인에게도 적합하다. 직원들이 원대한 목표에 도달에 자신의 성과를 추적할 수 있을 때, 조직의 성과에 자신의 성과가 미치는 직접적인 영향을 더 잘 알 수 있다. SMART는 비즈니스뿐만 아니라 새해 결심, 운동 목표, 구직, 집 꾸미기 계획 등 어떤 것에도 사용할 수 있다.
5. SMART는 장기 전략이 타당할 때만 효과가 있다.
   SMART에는 상반되는 두 가지 결점이 있다.
   첫째, SMART는 큰 전략을 수립하고 그것을 성취 가능한 작은 부분들로 나눈다. 그러므로 전반적인 전략이나 비전이 잘못되었다면 SMART는 형편없는 목표를 달성하게 해 줄 뿐이다.
   둘째, SMART는 성공과 실패를 분석하는 방법이 아니라 목표를 세우는 방법이다. 목표를 정할 때 명백한 평가 및 검토 단계를 넣어 목표 설정 과정을 좀 더 SMART하게 만들어야 한다. 지난 목표보다 더 나은 다음 목표를 설계해야 하므로 평가 시에는 예상치 못했던 위험과 놓친 문제, 그리고 투입이 필요했던 사람 등을 생각해봐야 한다. 결국 SMART는 일련의 기준과 고려 사항일 뿐, 더 나은 목표를 세우기 위해 방법을 숙고하는 일은 우리 자신의 몫이다.

워크시트

1. 현재 내가 가장 시급하게 해결해야 할 문제는 무엇인가? 내가 해결해야 할 문제를 나열해보고 문제의 우선순위 측정 기준에 따라 가장 시급하게 해결해야 할 문제를 찾아보자.

2. 내가 가장 시급하게 해결해야 할 문제라고 판단한 문제를 문제 기술의 원칙에 따라 기술하면서 정확하게 파악해보자.

3. 자 그럼, 이제 문제해결을 위해 문제의 기대상황, 즉 목표를 설정해보자. 이때 SMART 원칙을 적용해보자.

4. 이후 진행 상황을 점검해보고 문제해결 상황을 기술해보자.

창의적 문제해결

❐ **학습목표**

1. 문제해결과 문제해결능력 정의를 설명할 수 있다.
2. 문제해결의 기본요소를 설명할 수 있다.
3. 문제해결의 기본사고를 설명할 수 있다.
4. 문제해결의 순서를 설명할 수 있다.
5. 문제해결의 장애요인과 사고를 설명할 수 있다.

02 창의적 문제해결이란 무엇인가?

1. 창의적 문제해결이란?

문제해결은 목표와 현상을 분석하고, 분석 결과를 토대로 주요 과제를 도출하여 바람직한 상태나 기대되는 결과가 나타나도록 최적의 해결책을 찾아 실행·평가해 가는 활동이다. 문제를 해결하기 위해서는 기존의 지식과 경험을 의식적, 능동적으로 조합하여 새롭고 적합한 해결방안을 개발하는 것이 필요하다. 문제를 인식하고 대안을 개발, 평가, 선택하여 해결안을 실행하고 평가하는 모든 과정에 창의적 사고와 창의성이 필요하다. 또한 이러한 문제해결의 과정을 통해 창의성은 더욱 계발될 수 있다. 즉 창의적 문제해결이란 어떤 문제를 해결하기 위해 창의적 사고를 통해 문제를 인식하고 새롭고 독창적인 해결책을 만들어내는 정신적 과정이라 할 수 있다. 창의적 문제해결은 문제를 잘 이해하고, 다양한 관점에서 바라보고, 적절한 기준으로 평가하고, 효과적으로 실행하는 능력을 요구한다. 창의적 문제해결은 새로운 가치와 혁신을 창조할 수 있고, 일상생활, 학업, 업무 등 다양한 상황에 적용할 수 있는 유용한 능력이다.

창의적 문제해결에는 창의성이 필요하지만, 창의성만으로는 창의적 문제해결을 할 수 없다. 창의적 문제해결을 평가하는 데 중요한 것은 가치를 가지는 것이며 분명하게 제시된 문제를 풀었는가와 상황이 더 나아진 것에 대해 다른 이에게 객관적 평가를 받을 수 있는가에 달려있다. 만약 창의적 사고로 도출된 해결법이 널리 사용된다면 이 해결법은 '혁신(innovation)'이 될 수 있으며 창의적 문제해결의 과정은 혁신을 위한 창조 과정이 될 수 있다.

오티스 엘리베이터 사례

1853년 미국에서 고층 빌딩 열풍이 불어 엘리베이터를 개발한 오티스(OTIS)사는 큰 수익을 거두었다. 그러나 매출과 함께 늘어만 가는 고객들의 불만은 오티스사를 당혹스럽게 만들었다. 당시 오티스사가 개발한 엘리베이터는 오늘날의 엘리베이터와는 비교할 수 없을 정도로 속도가 느렸는데, 많은 고객들이 이러한 엘리베이터의 속도에 불만을 나타낸 것이다. 하지만 엘리베이터의 속도를 향상시키기는 일은 고도의 기술력이 있어야 하는 일인 만큼 이를 단기간에 해결하는 건 쉽지 않은 일이었다. 그러던 중 오티스사는 한 가지 이상한 점을 발견했다. 엘리베이터를 구매한 거의 모든 건물이 불만을 쏟아내는 상황에서 오직 하나의 건물만이 불만을 제기하지 않았던 것이다. 이를 궁금하게 여긴 직원들은 이 건물을 방문해 왜 이 건물만 불만 사항이 없는지에 대한 답을 찾고자 했다. 그들이 만난 건물 관리자는 엘리베이터를 처음 설치했을 당시만 해도 많은 불만이 있었지만, 지금은 괜찮다고 했다. 자신이 엘리베이터 안에 거울을 설치한 이후 사람들의 불만이 사라졌다는 것이다. 건물 관리자의 말대로 엘리베이터에 탑승한 사람들은 거울을 보느라 더 이상 엘리베이터 속도에 관심을 두지 않았다. 거울이 엘리베이터 이용자들의 지루함을 해결해 준 덕분이었다. 관리인이 거울을 이용하여 엘리베이터 이용자들의 불만을 해결했다는 직원들의 보고는 오티스사의 경영진들을 고무시켰다. 엘리베이터에 거울을 붙이는 방법은 엘리베이터의 속도를 향상시키는 방법보다 저렴하면서도 개발기간이 필요 없는 해결책이었기 때문이다.

이후 오티스사는 엘리베이터에 거울을 붙여 고객들의 불만을 해결했고, 거울을 통해 고객들의 불만을 해결한 오티스사의 사례는 다른 기업들에도 전해져 오늘날 거의 모든 엘리베이터 제조 기업들은 거울을 붙인 엘리베이터를 생산하게 되었다.

출처: 김광희(2006.5.6.). 이노베이션의 요소. 한경 BUSINESS/ 신병철(2008), 통찰의 기술

2. 문제해결능력

문제해결능력이란 문제를 창조적, 논리적, 비판적 사고를 통해 올바르게 인식하고 적절히 해결하는 능력을 의미한다. 문제해결능력의 하위능력으로는 사고력과 문제처리능력이 있다. 이 능력은 모든 사람에게 필요한 요소이고 공동체 생활에서도 필수적이다.

(1) 문제해결능력의 하위요소

사고력	• 문제를 인식하고 해결할 때 창조적, 논리적, 비판적으로 생각하는 능력 • 세부 요소: 창의적 사고, 논리적 사고, 비판적 사고, 합리적 사고 등
문제처리능력	• 업무와 관련된 문제의 특성을 파악하고, 대안을 제시, 적용하고 그 결과를 평가하여 피드백하는 능력 • 세부요소: 문제 인식, 대안 선택 및 적용, 대안 평가 등

(2) 문제해결의 기본요소

① 문제해결방법에 대한 지식

문제를 해결하기 위한 다양한 방법론과 도구들을 이해하고 적용할 수 있는 능력이다. 예를 들어, 문제를 정의하고 분석하고 해결책을 제시하고 평가하는 과정을 담은 문제해결 사이클, 문제의 원인과 결과를 도식화하는 피시본 다이어그램, 문제의 중요도와 긴급도를 고려하여 우선순위를 정하는 아이젠하워 매트릭스 등이 있다.

피시본 다이어그램(Fishbone Diagram)

피시본 다이어그램이란 문제의 원인과 효과를 시각적으로 분석하고 파악하는데 도움이 되는 도구이다. 피시본 다이어그램은 생선 뼈를 닮았기 때문에 이 이름이 붙었다. 1920년대에 처음 개발되었지만, 1960년대에 일본의 가오루 이시카와(Kaoru Ishikawa) 교수가 대중화시켜 이시카와 다이어그램이라고도 불린다.
피시본 다이어그램을 사용하면 문제를 다양하게 분석하여 근본 원인을 쉽게 찾고, 팀과 협업하고, 프로세스를 개선하고, 품질을 향상시킬 수 있다. 그러나 원인 간의 연관성을 파악하는 데 유용하지 않고 지나치게 복잡해질 수도 있다. 피시본 다이어그램의 구성요소는 다음과 같다.

- 문제: 다이어그램의 맨 앞부분에 있는 물고기 머리에 해당한다. 해결하려는 문제를 간단하게 설명한다.
- 카테고리: 다이어그램의 척추에 연결되는 물고기의 갈비뼈에 해당한다. 문제의 잠재적인 원인을 분류하는 데 사용되는 범주이다.
- 원인: 각 카테고리에서 파생되는 더 작은 갈비뼈에 해당한다. 문제에 영향을 주는 요인들을 나타낸다. 원인은 1차적, 2차적, 3차적 등으로 세분화할 수 있다.
- 피시본 다이어그램을 그리는 방법
  - 문제를 정의하고 물고기 머리에 적는다.
  - 문제와 관련된 카테고리를 결정하고 척추에 연결한다.
  - 각 카테고리에서 문제의 원인을 브레인스토밍하고 갈비뼈로 표시한다.
  - 원인을 세부적으로 분석하고 필요한 경우 하위 원인을 추가한다.
  - 피시본 다이어그램을 검토하고 문제의 근본 원인을 식별한다.

소비자 불만족 해결을 위한 피시본 다이어그램

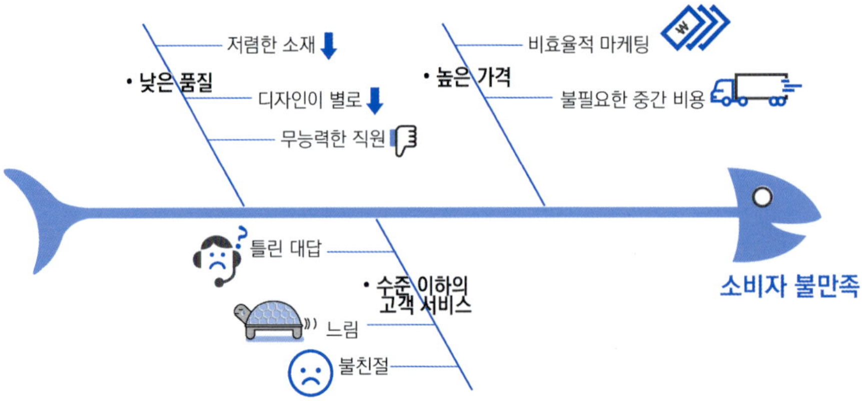

출처: https://www.edrawsoft.com/kr/diagram-tutorial/how-to-draw-fishbone-diagram.html

아이젠하워 매트릭스

아이젠하워 매트릭스는 업무의 우선순위를 정하는 데 도움이 되는 시간 관리 도구이다. 아이젠하워 매트릭스를 사용하면 업무의 중요성과 긴급성을 한눈에 파악할 수 있으며, 가장 효율적인 작업절차를 수립할 수 있다. 아이젠하워 매트릭스는 미국의 34대 대통령이자 5성 장군이었던 드와이트 데이비드 아이젠하워(Dwight D. Eisenhower)가 고안한 방법으로, 그의 놀라운 생산성을 달성하는 데 도움이 되었다고 한다. 아이젠하워 매트릭스는 긴급성과 중요도에 따라 업무를 네 가지 카테고리로 나눈다.

- 해야 할 일: 긴급하고 중요한 업무로, 즉시 처리해야 한다.
- 계획해야 할 일: 중요하지만 긴급하지 않은 업무로, 나중에 처리할 수 있다.
- 위임할 일: 긴급하지만 중요하지 않은 업무로, 다른 사람에게 맡길 수 있다.
- 삭제할 일: 긴급하지도 않고 중요하지도 않은 업무로, 하지 않아도 된다.
- 급한 업무와 중요한 업무를 구별하는 방법: 긴급함과 중요함은 유사하게 보일 수 있으나 아이젠하워의 원리로 긴급함과 중요도를 분석하면 이 두 가지에는 중요한 차이가 있다. 긴급성은 업무의 마감 기한이나 결과에 따라 결정되며, 중요도는 업무가 목표나 가치와 얼마나 관련이 있는지에 따라 결정된다. 긴급한 일과 중요한 일을 구별할 수 있게 되면, 일(문제)을 사분면의 아이젠하워 매트릭스에 분류하는 작업을 시작할 수 있다.
  - 긴급한 업무: 즉시 처리해야 하는 업무이다. 이러한 작업은 미룰 수 없는 작업이며 이 작업을 미룰수록 더 많은 스트레스를 유발하게 되고 결국 번 아웃으로 이어질 수 있다.
    ※ 긴급한 업무의 예시: 마감일이 임박한 프로젝트 마무리하기, 긴급한 고객

요청 처리하기, 아파트의 고장 난 파이프 수리하기

- 중요한 작업: 즉각적인 관심이 필요하지는 않을 수 있지만, 장기 목표를 달성하는 데 도움이 될 수 있는 업무이다. 이 업무가 긴급하지 않다고 해서 중요하지 않은 것은 아니다. 보유하고 있는 자원을 효율적으로 사용할 수 있도록 이 업무를 신중하게 계획해야 한다.
  ※ 중요한 업무의 예시: 장기 프로젝트 계획하기, 클라이언트 기반을 구축하기 위한 전문가 네트워킹, 정기적인 잡무 및 유지 관리 프로젝트

• 아이젠하워 매트릭스를 사용하는 방법

- 문제(업무)의 목록 작성: 하루, 일주일, 한 달 등 원하는 기간에 따라 해결해야 할 문제(업무)를 나열한다.
- 문제(업무)를 긴급성과 중요도에 따라 분류: 각 문제(업무)가 얼마나 긴급하고 중요한지 판단하여 네 가지 카테고리로 나눈다.
- 아이젠하워 매트릭스 작성: 종이나 컴퓨터에 2x2 행렬을 그리고, 각 칸에 해야 할 일, 계획해야 할 일, 위임할 일, 삭제할 일이라고 적는다. 그리고 각 칸에 해당하는 문제(업무)들을 적는다.
- 문제(업무)의 우선순위를 정하기 아이젠하워 매트릭스를 보고, 각 카테고리별로 어떤 업무부터 처리할지 결정한다. 일반적으로 해야 할 일-계획해야 할 일-위임할 일-삭제할 일의 순서로 진행한다.

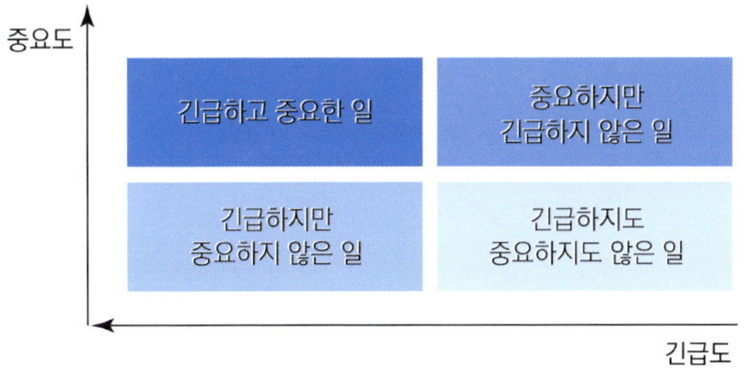

② 문제에 관련된 지식에 대한 가용성

문제를 해결하는 데 필요한 정보와 지식을 얼마나 쉽고 빠르게 확보하고 활용할 수 있는지를 나타내는 능력이다. 예를 들어, 인터넷, 도서관, 전문가 등의 다양한 정보원을 이용하여 문제와 관련된 자료를 수집하고 분석하고 정리하는 능력이 있다.

③ 문제해결자의 도전 의식과 끈기

문제에 대처할 때 자신감과 의욕을 가지고 적극적으로 참여하고, 어려움이나 실패에도 굴하지 않고 계속해서 노력하고 개선하는 태도이다. 예를 들어, 문제를 기회로 바라보고 새로운 시도를 하며, 팀원들과 협력하고 소통하며, 문제해결 과정에서 피드백을 받아들이고 반영하는 태도가 있다.

④ 문제에 대한 체계적인 접근

문제를 해결하기 위해 명확하고 합리적인 순서와 방법을 따르는 능력이다. 예를 들어, 문제를 정확히 파악하고 목표를 설정하고, 다양한 관점에서 원인을 분석하고, 여러 가지 대안을 검토하고, 최적의 해결책을 선택하여 실행하고, 결과를 평가하고 개선하는 과정을 거치는 능력이 있다.

⑤ 체계적인 교육과 훈련

문제해결능력을 향상시키기 위해 필요한 지식과 기술을 습득하고 연습하는 과정이다. 예를 들어, NCS 기반의 문제해결능력 교육과정을 수강하거나, 실생활이나 실무에서 발생하는 다양한 문제 상황에 관해 사례연구 또는 역할극 등의 방법으로 훈련하는 과정이 있다.

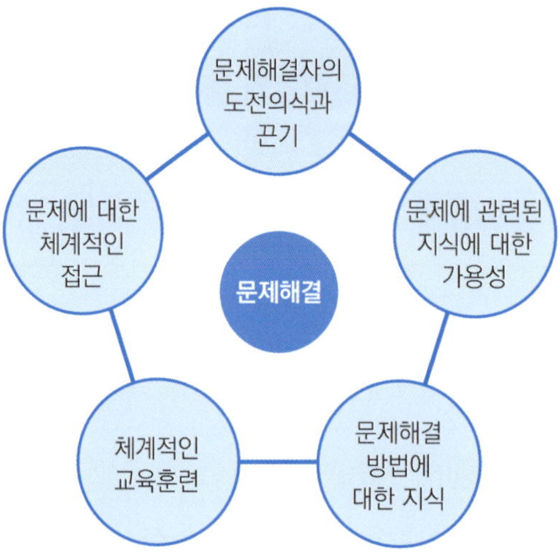

그림 2-1 문제해결의 기본요소

(3) 문제해결에 필요한 사고요소

문제해결을 위해서는 다양한 사고 요소가 필요하다. 대표적으로 전략적 사고, 분석적 사고, 발상의 전환, 내외부 자원의 활용이 있다.

① 전략적 사고

문제와 해결방안이 전체적인 틀에서 어떻게 연결되어 있는지를 파악하고, 향후 환경변화에 대응할 방법을 고려하는 사고이다. 전략적 사고가 부족하면 현재 상황에만 집착하거나 장기적인 관점을 놓칠 수 있다.

② 분석적 사고

문제를 각각의 요소로 나누어 의미와 우선순위를 도출하고, 구체적인 해결 방법을 실행하는 사고이다. 분석적 사고는 문제의 지향성에 따라 다른 방식으로 적용될 수 있다. 분석적 사고가 부족하면 문제의 본질을 파악하지 못하거나 비효율적인 해결 방법을 선택할 수 있다. 문제의 성격에 따라 다음과 같은 분석적 사고가 필요하다.

- 성과지향의 문제: 기대하는 결과를 명시한 후 달성 방법을 사전에 구상하고 실행한다.
- 가설지향의 문제: 현상 및 원인분석 전에 일의 과정이나 결과(결론)를 가정한 다음, 각각을 검증한 후 다음 단계의 일을 수행한다.
- 사실지향의 문제: 상식, 편견을 타파하고, 객관적 사실로부터 사고하고 행동한다.

③ 발상의 전환

기존 인식의 틀을 깨고 새로운 관점에서 문제를 바라보는 사고이다. 발상의 전환은 창의적이고 독창적인 해결방안을 제시할 수 있게 한다. 발상의 전환이 부족하면 고정관념에 사로잡혀 새로운 가능성을 놓칠 수 있다.

④ 내·외부자원의 활용

문제해결에 필요한 기술, 재료, 방법, 사람 등의 자원을 확보하고 효과적으로 조직하고 운영하는 능력이다. 내·외부자원의 활용은 문제해결의 효율성과 효과성을 높여준다. 내·외부자원의 활용이 부족하면 문제해결에 필요한 조건이나 지원이 부족하거나 낭비될 수 있다.

문제해결에 필요한 사고 요소는 문제의 성격이나 상황에 따라 다르게 적용될 수 있다. 어떤 문제는 전략적 사고가 필수적일 수 있고, 어떤 문제는 발상의 전환이 필수적일 수 있다. 따라서 문제해결에 필요한 사고 요소를 모두 갖추고, 상황에 따라 유연하게 활용할 수 있는 능력이 중요하다.

3. 문제해결의 단계

(1) 문제인식

문제가 무엇인지, 어떤 목표를 달성하고자 하는지, 어떻게 성공을 측정할 것인지를 파악한다.

- 문제분석: ① 자신의 처한 상황 분석, ② 목표 설정, ③ 문제 확정

(2) 문제에 대한 정보수집

문제에 관련된 데이터나 사실을 찾아보고, 이전의 유사한 사례나 외부의 리소스를 활용한다.

① 정보를 최대한 많이 찾아내어 수집하는 것이 문제해결의 첫걸음

② 정보수집 틀의 예: SWOT 분석(S(Strength), W(Weakness), O(Opportunity), T(Threat)): 본 교재 3장에서 설명

③ 주변의 정보수집: 5W(What, Where, When, Who, Why), 3H(How, How many, How much)

주제: 도시 내 쓰레기 문제해결

[5W의 예]

1. 무엇을 만들어야 할까요? (What)
 - 도시 내 쓰레기 문제를 해결하려면 어떤 것이 필요할까요?
2. 어디서 만들어야 할까요? (Where)
 - 어떤 위치나 환경에서 이 문제를 해결할 수 있을까요?
3. 왜 만들어야 할까요? (Why)
 - 도시 내 쓰레기 문제를 해결하는 것이 어떻게 사회적으로 더 나은 결과를 가

져올까요?

4. 누구를 위해 만들어야 할까요? (Who)
   - 누가 이 문제를 가장 강력하게 해결해야 할까요? 누구에게 혜택이 가야 할까요?
5. 언제 만들어야 할까요? (When)
   - 어느 시점에 이 문제를 해결하는 것이 가장 효과적일까요?

[3H의 예]

1. How(어떻게): 어떻게 도시 내 쓰레기 문제를 해결할 수 있는지에 대한 접근 방법과 방법론을 고민해본다.
   - 어떻게 쓰레기 재활용 시설을 개설하여 쓰레기 발생량을 줄일 수 있을까요?
   - 어떻게 주민들에게 분리수거 교육을 제공하여 쓰레기 처리에 참여를 유도할 수 있을까요?
2. How many(얼마나 많이): 도시 내에서 매일 발생하는 쓰레기의 양이나 주기에 대한 정보를 수집하여 얼마나 많은 쓰레기가 발생하는지 확인한다.
   - 하루에 도시 전체에서 몇 톤의 쓰레기가 발생하나요?
   - 얼마나 많은 쓰레기 수거함이 필요한가요?
3. How much(얼마나): 도시 내 쓰레기 문제를 해결하기 위해 얼마나 많은 예산, 시간, 리소스가 필요한지 파악한다.
   - 이 문제를 해결하기 위해 얼마만큼의 예산이 필요한가요?
   - 얼마나 많은 시간이 소요되나요?

(3) 대안의 탐색

문제를 해결할 수 있는 다양한 방법이나 해결책을 모색한다. 해결방안을 설계하고 대안을 개발한다.

(4) 대안의 평가

개발한 각 대안의 장단점을 비교하고, 근거나 기준에 따라 선택지를 좁힌다.

(5) 대안의 선택

최종적으로 하나의 대안을 결정하거나, 여러 대안을 조합하거나, 새로운 대안을 찾는다. 현재와 기대 수준의 차이를 메우고 목적 달성에 얼마나 효과적인가를 살펴보고 효과적인 해결안을 선택하는 단계이다.

(6) 해결안의 실행

결정한 해결안을 실제로 실행하기 위해 계획을 세우고, 팀원들과 협력하고, 진행 상황을 모니터링한다.

(7) 해결안의 평가

결정한 해결안이 문제를 해결했는지, 효과적이었는지, 부작용이 없었는지 등을 평가하고, 필요한 경우 수정하거나 개선한다.

문제해결에는 모든 단계가 중요하다. 그러나 문제를 인식하고 대안을 개발하는 것도 필수적이나 해결안을 실제 문제에 적용하여 문제를 해결하지 않으면 아무런 소용이 없다.

4. 문제해결의 장애요인

문제해결의 장애요인은 조직이나 업무의 특성에 따라 다양할 수 있지만, 일반적으로 다음과 같은 경우가 있다.

(1) 문제를 철저하게 분석하지 않는 경우

문제가 무엇인지, 어떤 원인과 결과가 있는지, 어떤 목표와 기준이 있는지 등을 심도 있게 파악하지 않고, 성급하게 판단하거나 직관에 의존하는 경우이다. 이런 경우 문제의 본질을 놓치거나 근본적인 해결책을 찾지 못하거나 또는 새로운 문제를 생성할 수 있다.

(2) 고정관념에 얽매이는 경우

문제를 해결하기 전에 개인적인 편견이나 경험, 습관, 규정 등으로 문제를 인식하거나 판단하는 경우이다. 이렇게 하면 새로운 관점이나 가능성을 놓치거나 창의적인 해결책을 제시하지 못할 수 있다.

(3) 쉽게 떠오르는 단순한 정보에 의지하는 경우

문제에 관련된 데이터나 사실을 충분히 수집하고 분석하지 않고, 가장 흔하게 접할 수 있거나 쉬운 정보에만 의존하는 경우이다. 이런 경우 문제를 왜곡하거나 오류를 범하거나 효과적인 해결책을 찾지 못할 수 있다.

(4) 너무 많은 자료를 수집하려고 노력하는 경우

문제를 해결하는 데 필요한 자료의 범위와 우선순위를 정하지 않고, 무계획적으로 많은 자료를 얻으려고 하는 경우이다. 이런 경우 자료의 신뢰성이나 타당성을 검증하지 못하거나 중요한 자료를 놓치거나 시간이나 비용이 낭비될 수 있다.

이러한 장애요인들은 문제해결에 접근하는 방식과 심리적인 측면에서 영향을 미치므로, 문제를 더 효과적으로 해결하기 위해서는 이러한 장애요인들을 인식하고 대처하는 능력이 중요하다. 적절한 계획과 접근법, 새로운 시각과 아이디어를 수용하고 협력하는 능력을 통해 문제해결의 효율성과 성공 확률을 높일 수 있다.

5. 문제해결에 도움이 되지 않는 사고의 오류

문제해결 과정에서는 문제해결에 도움이 되지 않는 다양한 사고의 오류가 발생할 수 있다.

(1) 편향된 사고

자신의 관점이나 경험에 치우쳐서 문제를 인식하거나 해결책을 선택하는 것이다. 예를 들어, 자신이 성공한 방법만 고집하거나, 자신이 좋아하는 대안만 고려하는 것인데 이러한 사고는 다양한 가능성을 놓치거나 잘못된 판단을 내리게 할 수 있다.

(2) 일반화 사고

특정한 경우나 예외를 무시하고, 모든 상황에 동일한 규칙이나 원리를 적용하는 것으로 예를 들어, 한 번 실패한 방법은 다시 시도하지 않거나, 한 번 성공한 방법은 어떤 문제에도 적용하려는 것이다. 이러한 사고는 새로운 상황에 적응하지 못하거나 유연성을 잃게 할 수 있다.

(3) 이분법적 사고

문제나 해결책을 극단적으로 나누어서 생각하는 것이다. 예를 들어, 문제를 매우 쉽거나 매우 어렵다고 판단하거나, 해결책이 완벽하거나 완전히 실패할 것이라고 평가하는 것이다. 이러한 사고는 중간적인 선택지나 절충안을 간과하거나 부정적인 결과에 지나치게 집착하게 할 수 있다.

(4) 감정적 사고

객관적인 판단보다 감정이나 기분에 의존하여 문제를 해결하는 것이다. 예를 들어, 문제에 대해 두려움이나 분노를 느끼면서 해결책을 찾지 못하거나, 해결책에 대해 기대감이나 과도한 희망을 하면서 실현 가능성을 고려하지 않는 것이다. 이러한 사고는 현실과 동떨어진 결정을 내리거나 실망이나 좌절을 경험하게 할 수 있다.

이러한 사고를 발생시키는 사고 오류의 예는 다음과 같다.

① 비약의 오류

일부 사례나 데이터를 기반으로 전체적인 결론을 급하게 도출하는 오류이다. 충분한 증거 없이 너무 일반화된 결론을 내리기 때문에 편견과 오해를 가져올 수 있다. 사실과 관련이 없거나 논리적으로 이어지지 않는 결론을 내리는 것이다. 예를 들어, "나는 오늘 아침에 운동하지 않았다. 그러니까 오늘 하루는 모든 것이 힘들 것이다."라고 생각하는 것은 비약의 오류이다.

② 유용성의 오류

원하는 결과를 얻기 위해 현실을 왜곡하거나 사실과 다르게 해석하는 오류이다. 이로 인해 올바른 문제해결 방법을 선택하지 못하고 불합리한 결정을 할 수 있다. 자신이 좋아하거나 유용하다고 생각하는 것이 사실이라고 믿는 것으로 예를 들어, "우리는 우주에 외계인이 있다고 믿어야 한다. 우주가 너무 넓고 복잡하므로 우리가 혼자라고 생각하는 것은 슬프고 고독하기 때문이다."라고 생각하는 것은 유용성의 오류이다.

③ 무지의 오류

무지한 상태에서 기술이나 지식의 부족을 이용하여 특정 주장이 사실임을 주장하거나 거짓임을 주장하는 오류이다. 사실을 다르게 인식하여 문제의 해결을 방해할 수 있다. 자신이 모르는 것이나 증명할 수 없는 것을 사실이라고 주장하는 것이다. 예를 들어, "나는 우주에 다른 지능적인 생명체가 있다고 확신한다. 그러니까 그들은 우리와 접촉하려고 한다."라고 생각하는 것은 무지의 오류라 할 수 있다.

④ 흑백의 오류

모든 문제를 뚜렷한 두 가지 극단적인 방법으로만 바라보는 오류이다. 현실은 보통 다양하고 복잡한데, 흑백의 오류로 인해 다른 가능성을 배제하고 올바른 결정을 내리지 못할 수 있다. 중간 선택지나 가능성을 배제하고 극단적인 두 가지 옵션만 고려하는 것이다. 예를 들어, "나는 이 시험을 잘 치러야 한다. 그렇지 않으면 내 인생은 망한 것이다."라고 생각하는 것은 흑백의 오류이다.

⑤ 이분법의 오류

문제를 단순화하여 단지 두 가지만 선택할 수 있다고 보는 오류이다. 실제로는 더 많은 선택지가 있을 수 있지만 이분법적 사고로 중요한 선택지를 놓치고 제한된 것만 보고 선택할 수 있다. "나는 과학자이다. 그러니까 나는 종교에 관심이 없다."라고 생각하는 것은 이분법의 오류이다.

⑥ 확대의 오류

문제의 중요함이나 영향을 지나치게 확대해서 문제를 심각하게 오해하는 오류이다. 사실보다 더 심각하게 생각해서 올바른 대응이 어려울 수 있다. 작은 문제나 실수를 과도하게 부정적으로 해석하는 것이다. 예를 들어, "나는 이번 프로젝트에서 한 가지를 실수했다. 그러니까 나는 모든 업무능력이 부족하다."라고 생각하는 것이 확대의 오류이다.

⑦ 합성의 오류

부분적인 사실을 모아서 전체적인 상황이나 문제를 오해하게 만드는 오류이다. 일부 사실을 전체인 것처럼 가정하여 올바르지 않은 결론에 이르게 할 수 있다. 상황과 조건이 다르지만, 똑같이 비교하거나 적용하는 것이다. 예를 들어, “나는 친구와 함께 있을 때 재미있다. 그러니까 나는 회사에서도 재미있어야 한다.”라고 생각하는 것은 합성의 오류이다.

흑백의 오류와 이분법 오류의 차이

흑백의 오류는 복잡한 상황을 단순하게 이해하려는 경향을 의미하며, 이분법의 오류는 두 가지 옵션으로만 상황을 설명하거나 주장하는 틀린 방식을 가리킨다. 흑백의 오류와 이분법의 오류는 모두 중간적인 가능성이나 다양한 관점을 무시하거나 배제하는 오류이다.

흑백의 오류는 두 가지 선택지 중 하나만 옳고 다른 하나는 틀리다고 생각하는 것이고, 이분법의 오류는 두 가지 범주 중 하나에 속하면 다른 하나에 속할 수 없다고 생각하는 것이다.

흑백의 오류와 이분법의 오류는 모두 비판적 사고를 방해하고, 편견이나 고정관념을 갖게 만들 수 있다. 두 오류 모두 복잡성과 다양성을 무시하여 잘못된 결론에 이르게 할 수 있으므로, 올바른 문제해결이나 의사결정을 위해서는 흑백의 오류와 이분법의 오류를 피하고, 다양한 가능성과 관점을 고려하는 것이 중요하다.

이러한 사고의 오류들을 인식하고 피하는 것이 문제해결 능력 향상에 중요하다. 비판적 사고를 하면 이러한 오류들을 방지하고 실제 문제에 대한 더 정확하고 효과적인 대응을 할 수 있다. 위와 같은 사고의 오류를 피하기 위해서는 다음과 같은 방법들이 도움이 될 수 있다.

① 다양한 관점을 수용하고 비판적으로 검토하기: 자신의 사고에 한계가 있음을 인정하고, 다른 사람들의 의견과 정보를 참고하면서 문제를 다각도로 봐야 한다. 이와 동시에 모든 정보가 정확하거나 유용하지는 않다는 것을 인지하고 있어야 한다.

② 상황에 따라 적절한 방법을 선택하고 적용하기: 모든 문제를 같은 방식으로 해결할 수 있는 것은 아니므로, 문제의 특성이나 조건에 따라 가장 효과적인 방법을 골라야 한다. 그리고 그 방법을 실제로 실행하면서 피드백

을 받고 수정해야 한다.

③ 중립적이고 객관적인 태도 유지하기: 문제나 해결책에 대해 섣부른 판단이나 평가를 하지 않고, 사실과 근거에 기반하여 분석하고 평가해야 한다. 감정이나 기분에 휘둘리기보다는 합리적이고 논리적인 사고를 발휘할 필요가 있다.

문제해결은 쉽지 않은 과정이지만, 위와 같은 방법들을 적절히 활용하면 더 효율적이고 창의적으로 문제를 해결할 수 있을 것이다.

워크시트

1. 현재 내가 학업, 진로, 생활을 위해 해결해야 할 문제가 무엇인지 찾아보고, 피시본 다이어그램을 활용하여 문제의 원인을 구체적으로 분석해보자.

2. 자신이 문제를 해결할 때 가장 자주 저지르는 사고의 오류가 무엇인지 생각해보고 이로 인해 문제를 해결할 때 발생한 문제를 적어보자.

창의적 문제해결

PART 02

문제해결의 토대

❐ 학습목표

1. 자아, 자의식, 자기인식능력을 이해할 수 있다.
2. 나 자신을 분석하고 스스로를 파악할 수 있다.
3. 나와 타인과의 관계성을 이해하고 문제해결에 활용할 수 있다.

CHAPTER

03 나에 대한 탐구

문제해결의 주체는 "나 자신"이다. 그러므로 문제해결의 첫걸음은 스스로에 대해 정확히 파악하는 것이다. 그러므로 우리에게는 자아인식능력이 필요하다. 자아인식능력이 있어야 지속해서 문제해결을 위한 자기계발도 가능하다. 자아인식능력이란 자신의 흥미, 적성, 특성 등을 이해하고 자기정체감을 확고히 하는 능력이다.

1. 자아(自我, Ego)란?

자아는 '스스로 자(自)'와 '나 아(我)'가 합쳐진 단어로 '스스로 있는 나' 혹은 '스스로 자각할 수 있는 나'라는 뜻이다. 사전적으로는 자아를 생각, 감정 등을 통해 외부와 접촉하는 행동의 주체로서의 '나 자신'으로 정의한다.

자아는 개인이 자신을 인식하고 이해하는 내적 개념이며, 자신이 누구인지에 대한 주관적인 개념이다. 자아는 인간의 개인적인 정체성을 형성하는 데 영향을 미친다. 자아는 개인의 경험, 가치관, 믿음, 특성 등을 기반으로 형성되며, 자아를 통해 개인은 자신과 다른 사람들을 구별한다. 또한 자아는 자기 인식과 연결되어 자신의 감정, 행동, 생각 등을 파악하고 이해하는 데 도움을 준다. 자아개념은 학문 분야, 학설에 따라 매우 다르다. 그만큼 자아를 정의하기 쉽지 않다는 의미이다.

(1) 철학에서 보는 자아

철학에서는 철학의 시작을 나에 주목하고 나를 발견하고 나를 성찰하는 것부터라고 보고 있다. 그리고 자아를 대상의 세계와 구별되는 인식과 행위의 주체라 정의한다. 프랑스의 철학자이자 수학자인 르네 데카르트(René Descartes)는 우리 모두가 잘 알고 있는 '나는 생각한다. 고로 나는 존재한다(I think; therefore I am)'라는 명언을 남겼다. 이 문장은 인간의 존재와 삶에 있어 사고의 중요성을 대변하는데, 나, 즉 자아를 강조하는 문장이다. 나는 사고를 해야 존재하고 사고하는 내가 철학의 시작이라는 의미이다. 문제해결과 관련지어보면 모든 문제해결의 시작은 사고(생각)로부터이고 이 사고의 주체는 나(자아)이다. 그러므로 문제해결의 시작은 생각하는 나로부터이다라고 할 수 있다. 그러므로 나 자신을 아는 것이 문제해결의 시작이 되는 것이고, 문제해결을 위해서는 생각하는 힘이 중요하다.

(2) 정신분석학에서 보는 자아: 프로이트의 자아/성격이론

정신분석학, 심리학에서는 자아를 변화하는 사고, 감정, 의지와 달리 지속성과 동일성을 지닌 것으로 파악하고 있다. 프로이트는 인간의 자아가 원초아(id), 자아(ego), 초자아(super ego)로 구성된다고 하였으며, 이에 의해 성격이 작동되고 결정된다고 주장했다. 원초아는 생물학적 구성요소로 원시적인 무의식 충동과 관련되어 있고, 자아는 심리적 구성요소로 사물을 분별하고 판단하는 인식과 관련되어 있다. 마지막으로 초자아는 사회적 구성요소로 도덕적 기준을 측정한다.

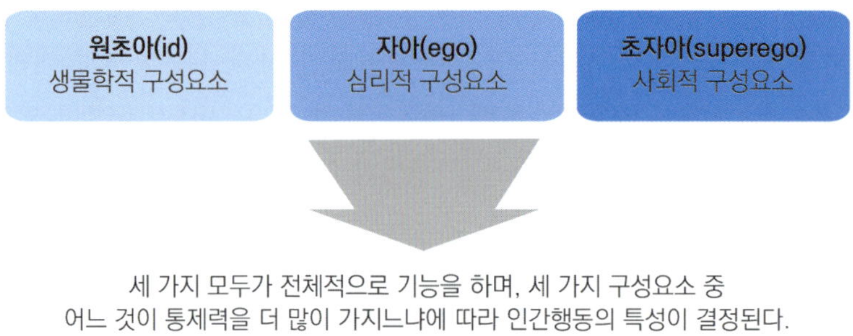

| 그림 3-1 | 프로이트의 자아

각각의 자아에 대한 구체적인 설명은 아래와 같다.

원초아 (id)	• 심리적 에너지의 원천이자 본능 • '쾌락의 원칙'에 따라 본능적 욕구를 충족시키고자 비논리적이고 맹목적으로 작용 • 무의식
자아 (ego)	• 원초아의 본능과 외부 현실 세계를 중재 또는 통제하는 역할 • '현실의 원칙'에 따라 현실적이고 논리적인 사고를 하며 환경에 적응 • 자아는 원초아(id)와 초자아(super ego), 그리고 현실 간의 균형을 유지 • 자아는 주관적 욕구와 외부의 환경을 구별하는 현실 검증의 능력이 있음
초자아 (super ego)	• 쾌락보다 완전을 추구. 현실보다 이상적인 것을 추구 • 부모에게서 받은 전통적 가치관과 사회적 이상이 자리 잡음 • 도덕적으로 위배되는 원초아의 충동을 억제하고 자아의 현실적 목표를 도덕적이고 이상적인 목표로 유도 • 초자아는 도덕적이고 규범적인 기준을 따라가도록 유도

2. 자의식

인간은 언어 사용 시작과 함께 자의식을 가지게 되었고 이를 반추하며 자아 개념을 확립한다. 자의식(Self-consciousness)은 개인이 자신의 행동, 외모, 특성 등을 타인과 비교하거나 자기 자신을 감시하고 평가하는 능력을 의미한다. 자의식은 종종 타인의 시선에 대한 민감함과 관련되어 있다. 자의식이 높은 사람들은 자신을 지속해서 평가하고, 자기 이미지에 대해 민감하게 반응하며, 타인의 평가에 영향을 받을 수 있다. 이는 긍정적일 수도 있지만, 부정적인 자의식은 자기비판과 불안을 초래할 수도 있다.

자아와 자의식은 비슷한 말이지만 굳이 구분하자면, 자아란 내가 느끼는 내 모습이고, 자의식이란 자아가 느끼고 생각하는 방식을 알아차리는 것이다. 단어 그대로 자아가 작동하는 의식이 자의식이다. 자아는 개인의 내적 개념이며, 개인의 정체성에 관련된 개념이고, 자의식은 개인이 자신을 타인과 비교하거나 자기를 감시하고 평가하는 능력에 관련된 개념이다. 자아는 개인적인 인식이며, 개인이 자신을 어떻게 보느냐에 따라 형성되지만, 자의식은 자기와 타인의 비교와 평가에 영향을 받을 수 있다. 자아와 자의식은 개인의 인식과 이해에 있어 중요한 요소로, 인간의 행동과 사고에 영향을 미친다.

(1) 자의식이 강할 경우

① 장점

- 자기 성찰과 개선: 자의식이 강한 사람들은 자기를 객관적으로 바라볼 수 있으며, 자기 성찰을 통해 개선할 점을 파악하고 더 나은 방향으로 성장할 수 있다.
- 타인과의 관계 강화: 자의식이 높은 사람들은 자기 자신에 대해 인식하고 있기 때문에 타인과의 관계에서 더욱 존중하고 이해하며 배려할 수 있다.
- 목표 달성과 성과: 강한 자의식을 가진 사람들은 자기에 대한 높은 기대와 목표를 가지고 있기 때문에 성과를 이루는 데 더욱 동기 부여된다.
- 자기주도적인 행동: 자의식이 강한 사람들은 자기에 대한 믿음과 확신으로 인해 자기주도적인 행동을 보이며, 어려운 상황에서도 자신을 이끌어낼 수 있다. 자신을 주체적으로 바라보면서 자존감 넘치게 행동할 수 있다.

② 단점

- 자기비판과 불안: 너무 강한 자의식을 가진 사람들은 자기에 대한 비판이나 불안을 자주 느낄 수 있다. 자신과 타인과의 비교에서 나오는 불안감으로 인해 스트레스를 받을 수 있다.
- 과도한 외부 평가 의존: 강한 자의식을 가진 사람들은 자신에 대한 외부 평가에 너무 의존할 수 있다. 타인의 인정과 칭찬을 받지 않으면 자존감이 저하될 수 있다.

(2) 자의식이 약한 경우

① 장점

- 자기에 대한 과도한 부담이 없다: 자의식이 약한 사람들은 자기에 대한 과도한 부담을 덜 수 있다. 외부 평가에 너무 의존하지 않기 때문에 스트레스를 덜 받을 수 있다.
- 타인과의 비교에서 자유로움: 약한 자의식을 가진 사람들은 자기와 타인을 비교하는 데 큰 부담을 느끼지 않으며, 자기주관적인 기준으로 인생을 살아갈 수 있다.
- 타인과의 갈등 최소화: 자신에 대해 비교적 관대하기 때문에 강한 자의식을

가진 사람들보다 타인과의 갈등을 최소화할 수 있다.

② 단점

- 성장과 발전에 제약: 자의식이 약한 사람들은 자기 개선에 대한 동기가 부족하기 때문에 자기 성장과 발전에 제약을 받을 수 있고 목표 달성에 어려움을 겪을 수 있다.
- 타인의 의견 의존: 자의식이 너무 약하면 자기 자신의 의견을 무시하고, 타인의 의견이나 평가에 지나치게 의존할 수 있다.

자의식이 너무 강하거나 너무 약한 경우 모두 장단점이 있으며, 적절한 수준의 건강한 자의식을 갖는 것이 중요하다. 적절한 자의식은 자기 인식을 개선하고, 목표를 달성하는 데 도움을 주며, 타인과의 관계를 건강하게 유지하는 데도 도움이 된다.

(3) 건강한 자의식 갖기

생각, 감정, 기억의 3가지 요소는 모두 건강한 자의식을 가지는 데 중요한 역할을 한다. 건강한 자의식은 생각, 감정, 기억이 조화롭게 작용하여 자기에 대한 인식과 이해를 형성하는 데 도움이 된다. 각각의 요소가 긍정적인 자의식을 형성하는 데 미치는 영향에 대해 설명하면 다음과 같다.

① 생각(Thoughts)

인간이 지각하고 처리하는 정보를 바탕으로 형성되는 인지적인 활동이다. 건강한 자의식의 생각은 다음과 같은 특징이 있다.

- 현실적인 판단: 현실적이고 객관적인 사고를 갖고 자기 자신을 평가하며 상황을 판단한다.
- 긍정적인 자기 대화: 자기 자신과 긍정적으로 대화하며 자신을 격려하고 지지하는 내부적인 대화를 한다.
- 목표 지향적: 명확한 목표를 설정하고 그에 따라 자신의 행동과 생각을 조정한다.
- 성장 지향적: 자기 개선과 성장을 위해 새로운 것을 배우고 도전하는 데 열린 자세를 갖는다.

② 감정(Emotions)

자아와 타인, 환경과의 상호작용에서 발생하는 감정적인 반응을 의미한다. 건강한 자의식의 감정은 다음과 같은 특징이 있다.

- 자기에 대한 인정과 사랑: 자기 자신을 인정하고 사랑하는 감정을 갖는다.
- 긍정적인 감정: 긍정적인 감정인 기쁨, 만족, 자신감 등을 느끼는 경향이 더 많다.
- 부정적인 감정 처리: 부정적인 감정(분노, 슬픔, 불안 등)을 인정하고 적절히 처리하며, 자기 자신을 비난하지 않는다.

③ 기억(Memories)

과거의 경험과 사건들이 개인의 인지에 영향을 미치는 것이다. 건강한 자의식의 기억은 다음과 같은 특징이 있다.

- 긍정적인 경험 강조: 긍정적인 경험들을 기억하고 강조함으로써 자신에 대한 긍정적인 인식을 강화한다.
- 부정적인 경험에 대한 배움: 부정적인 경험들을 인정하고 그것을 학습하고 성장하는 데 활용한다.
- 자아의 일관성 강화: 과거의 경험을 통해 자아의 일관성을 강화하고 자신을 이해하는 데 도움을 준다.

생각, 감정, 기억은 자의식을 형성하는 요소들로, 이들이 조화롭게 작용함으로써 자기 인식을 발전시키고 건강한 자의식을 갖게 된다. 자기에 대한 긍정적

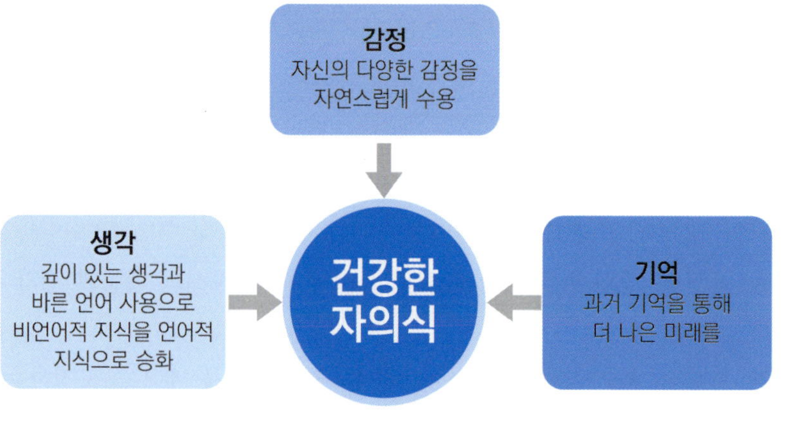

| 그림 3-2 | 건강한 자의식

인 생각과 감정을 갖고, 과거의 경험들을 배움의 기회로 활용하여 성장하는 것이 중요하다. 이러한 요소들은 우리의 행동과 선택에 영향을 미치며, 자신과 타인과의 관계에도 긍정적인 영향을 미친다.

건강한 자의식을 가질 수 있는 구체적인 방법은,

- 자신을 인식하고 이해하는 것이 중요합니다. 자신의 가치와 능력을 인정하고 자신을 긍정적으로 평가하는 것이 필요합니다.
- 자기와 타인을 비교하는 습관을 줄이세요. 각자의 개인적인 상황과 배경이 다르기 때문에 비교는 공정하지 않을 수 있습니다.
- 자신을 객관적으로 바라보고 자기 성장에 대해 현실적으로 평가하세요. 강점과 약점을 인정하며 개선할 점을 파악하세요.
- 명확한 목표를 설정하고 그에 따라 행동하세요. 목표 달성에 집중하고 성취감을 느끼는 것이 자신감을 높이는 데 도움이 됩니다.
- 건강한 생활 습관을 유지하고 스트레스를 관리하는 것이 중요합니다. 충분한 휴식과 운동, 균형 잡힌 식사를 유지하세요.
- 부정적인 자기 대화를 긍정적인 방향으로 바꾸세요. 자신을 용서하고 자기 자신에게 격려와 칭찬을 해주세요.
- 실패를 두려워하지 말고, 실패를 배움의 기회로 삼으세요. 실패를 통해 더 성장하고 발전할 수 있습니다.
- 타인과의 비교를 부정적으로 받아들이기보다는 자기 발전에 도움이 되도록 활용하세요. 타인의 성공이 영감이 되도록 하고 자기 자신의 노력에 집중하세요.
- 자기에게 관대하고 자기 자신을 인정하세요. 완벽하지 않아도 괜찮습니다. 모든 사람들은 실수를 하고 성장합니다.
- 지인들과 솔직한 대화를 나누고 어려울 때는 도움을 요청하세요. 성공과 기쁨을 함께 나누는 것은 자신감을 높이는 데 도움이 됩니다.

3. 자기분석

자기를 분석하는 것은 자기 인식을 높이고 자기를 성장시키는 데 도움이 되는 지속적인 과정이다. 자신을 인식하고 분석하는 방법으로는 자가 분석, 타인과의 커뮤니케이션, 표준화된 검사가 있다.

(1) 나에 대해 스스로 알아보기

가. SWOT 분석

SWOT 분석은 조직이나 개인의 전략을 평가하고 개발하기 위해 사용되는 간단하면서도 유용한 도구이다. SWOT은 Strengths(강점), Weak- nesses(약점), Opportunities(기회), Threats(위협)의 알파벳 앞글자를 딴 말로, 내부적인 요소와 외부적인 환경을 분석하여 조직이나 개인이 어떻게 더 나은 방향으로 나갈 수 있는지를 파악하는 데에 도움을 준다. 흔히 사용되는 방법으로 자기분석과 문제해결방법 발견에 긍정적인 영향을 미친다.

① 강점(Strengths): 강점은 조직이나 개인이 보유하고 있는 내부적이고 긍정적인 특징과 자원이다. 강점은 주로 내부적으로 통제할 수 있는 요소들로 예를 들면 특정 기술적 전문 지식, 경험, 우수한 팀원들, 강력한 브랜드 이미지 등이 있을 수 있다. 이러한 요소들은 성공적인 결과를 도출하는 데 도움을 줄 수 있다.

② 약점(Weaknesses): 약점은 조직이나 개인이 보유하고 있는 내부적이고 부정적인 특징과 한계점이다. 약점은 주로 내부적으로 통제할 수 있는 요소로 부족한 자금, 미흡한 기술력, 부족한 마케팅 전략 등이 있을 수 있다.

이러한 요소들은 성과를 제한하거나 불리하게 만들 수 있다.

③ 기회(Opportunities): 기회는 조직이나 개인이 현재 기회로 활용할 수 있는 외부적인 긍정적 상황들이다. 기회는 시장의 변화, 새로운 수요층의 등장, 기술의 발전 등이 있을 수 있다. 이러한 요소들은 조직이나 개인의 성장과 발전을 촉진할 수 있다.

④ 위협(Threats): 위협은 조직이나 개인에게 위기로 작용할 수 있는 외부적이고 부정적인 상황들이다. 위협은 경쟁사의 증가, 산업 전체의 불확실한 경기 등이 있을 수 있다. 이러한 요소들은 조직이나 개인의 성과를 위협하거나 위험을 초래할 수 있다.

SWOT 분석은 이러한 네 가지 요소들을 정확히 파악하여 조직이나 개인의 현재 상태를 이해하고, 내부 강점과 외부 기회를 최대한 활용하며, 약점과 위협을 극복하기 위한 전략을 수립하는 데에 도움을 준다. 이를 토대로 조직이나 개인은 더욱 효과적으로 비전과 목표를 달성할 수 있다.

① SWOT 분석의 순서

1. 매트릭스를 작성하여 현상을 파악하기
2. 크로스 SWOT 분석하기
   - 강점 x 기회: 기회를 활용하여 강점을 극대화하는 방법은?
   - 강점 x 위협: 위협을 피해 강점을 부각할 수 있는 방법은?
   - 약점 x 기회: 약점으로 인해 기회를 놓치지 않기 위한 대책은?
   - 약점 x 위협: 약점과 위협으로 발생할 수 있는 최악의 사태를 피할 대책은?

② 주의할 점

SWOT 분석에서 범하기 쉬운 실수는 「기회」와 「강점」을 혼동하는 것이다. 기회는 스스로 통제할 수 없는 요인이므로 이를 혼동하지 말아야 한다. 또한 SWOT 분석은 만능 분석법이 아니라는 것을 인지해야 한다.

나. MBTI로 분석해보기

MBTI란 Myers-Briggs Type Indicator의 약자로, 사람들의 성격 유형을 16가지로 분류하는 검사이다. MBTI는 스위스의 심리학자 카를 융의 성격 유형론을 바탕으로 미국의 심리학자 캐서린 쿡 브릭스와 그녀의 딸 이사벨 브릭스 마이어스가 개발했다. MBTI는 자신이 선호하는 인식과 판단의 방식을 측정하고, 이를 통해 자신과 타인의 성격을 이해하고 인간관계와 직장생활에 도움을 주는 목적으로 사용한다. MBTI는 절대적이고 정확한 것이 아니라, 상대적이고 근사치인 것이므로, 결과를 너무 신뢰하거나 고정관념으로 삼지 않는 것이 좋다.

① MBTI 구성요소

MBTI는 다음의 4개 범주로 구성되어 있고 이를 기반으로 사람의 성격을 16개 유형으로 특정 짓는다.

㉠ 내향(I) vs 외향(E): 에너지를 얻고 소모하는 방식을 나타낸다. 내향형은 자신의 내면에서 에너지를 얻고, 외부 환경에 맞추는 것이 힘들다. 외향형은 외부 환경에서 에너지를 얻고, 다양한 사람들과 교류하는 것을 좋아한다.

㉡ 감각(S) vs 직관(N): 정보를 수집하고 처리하는 방식이다. 감각형은 구체적이고 현실적인 정보에 집중하고, 관찰과 경험을 중요하게 생각한다. 직관형은 추상적이고 상징적인 정보에 집중하고, 상상력과 통찰력을 중요하게 여긴다.

㉢ 사고(T) vs 감정(F): 판단을 내리고 의사결정을 하는 방식을 나타낸다. 사고형은 객관적이고 논리적인 기준에 따라 판단하고, 원칙과 진실을 중요하게 생각한다. 감정형은 주관적이고 인간적인 기준에 따라 판단하고, 가치와 조화를 중요시한다.

㉣ 판단(J) vs 인식(P): 외부 세계에 대응하는 방식이다. 판단형은 체계적이고 계획적으로 일을 처리하고, 목표 달성과 결론 도출을 중요하게 여긴다. 인식형은 융통성 있고 즉흥적인 방식으로 일을 처리하고, 과정을 즐기고 가능성을 탐색하는 것을 중요하게 생각한다.

지표		설명
내향 (Introversion)	외향 (Extroversion)	선호하는 세계: 내면 세계 / 세상과 타인
직관 (iNtuition)	감각 (Sensing)	인식형태: 실제 너머로 인식 / 실제적인 인식
감정 (Feeling)	사고 (Thinking)	판단기준: 관계와 사람 위주 / 사실과 진실 위주
인식 (Perceiving)	판단 (Judging)	생활 양식: 즉흥적인 생활 / 계획적인 생활

② 성격유형

이 4가지 조합의 성향을 조합하면 총 16가지의 성격 유형이 도출된다.

ISTJ 세상의 소금형 한번 시작한 일은 끝까지 해내는 사람들	ISFJ 임금 뒤편의 권력형 성실하고 온화하며 협조를 잘하는 사람들	INFJ 예언자형 사람과 관련된 뛰어난 통찰력을 가지고 있는 사람들	INTJ 세상의 소금형 전체적인 부분을 조합하며 비전을 제시하는 사람들
ISTP 백과사전형 논리적이고 뛰어난 상황 적응력을 가지고 있는 사람	ISFP 성인군자형 따뜻한 감성을 가지고 있는 겸손한 사람들	INFP 잔다르크형 이상적인 세상을 만들어 가는 사람들	INTP 아이디어 뱅크형 비평적인 관점을 가지고 있는 뛰어난 전략가들
ESTP 수완 좋은 활동가형 친구, 운동, 음식 등 다양한 활동을 선호하는 사람들	ESFP 사교적인 유형 분위기를 고조시키는 우호적 사람들	ENFP 스파크형 열정적으로 새로운 관계를 만드는 사람들	ENTP 발명가형 풍부한 상상력을 가지고 새로운 것에 도전하는 사람들
ESTJ 사업가형 사무적, 실용적, 현실적으로 일을 많이 하는 사람들	ESFJ 친선도모형 친절과 현실감을 바탕으로 타인에게 봉사하는 사람들	ENFJ 언변능숙형 타인의 성장을 도모하고 협동하는 사람들	ENTJ 지도자형 비전을 가지고 사람들을 활력적으로 이끌어가는 사람들

| 그림 3-3 | 성격유형

③ MBTI 검사의 문제점

㉠ 이분법적 분류: MBTI는 네 가지 차원을 각각 두 가지 유형으로만 분류하고 있으므로 개인의 성격을 단순하고 이분법적으로 나누는 경향이 있다. 그러나 성격은 단순한 이분법적 분류로 완전히 표현하기 어려운 복잡한 특성이 있다. 현실적으로 대부분 사람들은 양쪽 모두에 해당하는 특성이 있다. 예를 들어, 사고형과 감정형은 상황에 따라 어느 정도는 이성적 사고를 판단의 기준으로, 또 어느 정도는 인간관계의 예민한 감정을 판단의 근거로 삼을 수 있다. MBTI는 이런 성격의 다양성과 복잡성을 반영하지 못하고, 단순화하고 고정화하는 경향이 있다.

㉡ 신뢰성과 일관성 문제: MBTI 검사 결과가 반복적으로 일관성 있게 나오지 않는 경우가 다수 있다. 같은 사람이라도 다른 시점에서 테스트를 반복하면 다른 결과가 나올 수 있고 이는 검사의 신뢰성과 일관성에 문제가 있다는 의미이다.

㉢ 과학적인 기반 부족: MBTI는 카를 융의 성격 유형론을 기반으로 토대로 한다. 그러나 융의 이론은 초지각적 능력이나 집단 무의식 등을 믿는 20세기 초의 이론으로, 현대 심리학에서는 완전히 배제되었다. 즉, MBTI는 객관적인 데이터를 통해 검증되었다기보다 내적 추론을 통해 탄생한 이론이며, 과학적인 연구와 증거에 기반하지 않는다. 따라서 MBTI의 측정 기준과 결과 해석에 대한 학계의 지지가 미약하며, 일부 심리학자들은 MBTI를 과학적이지 않은 도구로 여기고 있다.

㉣ 신경증에 대한 언급이 없다: MBTI는 현대 심리학에서 인정하는 5요인 성격 모델과 비교했을 때, 신경증이라는 중요한 성격 특성이 빠져 있다. 신경증은 '예민하고 걱정이 많고 소심하다'라고 하는 것과 관련된 특성으로, 삶에 미치는 영향이 큰 요인이므로(특히 현대 사회에서) 이에 대한 언급 없이 사람의 성격을 논하는 것은 반쪽짜리 시도라고 할 수 있다.

㉤ 감각과 직관은 상반되는 특성이 아니다: MBTI는 감각과 직관을 반대되는 특성으로 간주하지만, 이는 잘못된 전제이다. 감각은 구체적이고 현실적인 정보에 집중하는 것이고, 직관은 추상적이고 상징적인 정보에 집중하는 것이다. 그러나 이 두 가지는 상반되는 것이 아니라, 오히려 상호보완적이다. 평소 관찰력이 뛰어나고 다양한 정보를 수집할 줄 아는 능력이 좋아야 통찰력이라고 하는 전체를 보는 능력도 발달할 수 있기 때문이다.

㉥ 성격 분류의 한계: MBTI는 네 가지 차원에 따라 성격을 분류하고 있지만, 현실에서 인간의 성격은 더 다양하고 복잡하다. 이러한 한계로 인해 MBTI가 모든 측면을 포착하거나 개인의 성격을 완벽하게 설명하는 데에 제한이 있을 수 있다. 이러한 문제점들로 인해 MBTI는 심리학과 취업 상담, 직장 교육 등에서 사용할 수 있지만, 과학적으로 검증된 신뢰성과 타당성을 가진 검사로 받아들여지지 않는 경우가 다수이다. 따라서 MBTI를 활용할 때는 그 결과를 완전한 성격의 정의로 받아들이는 것보다는 참고 자료 정도로 활용하는 것이 좋다.

(2) 나와 타인의 관계성 이해

가. 감성지능의 이해

감성은 하나의 감정과 그에 부수적으로 따르는 뚜렷한 사고 및 심리적 생리적 상태와 일련의 행동 경향을 의미한다. 감성지능(Emotional Intelligence, EQ)은 개인이 자신의 감정과 타인의 감정을 인식하고 이해하며, 감정을 적절하게 관리하고 활용하는 능력이다. 타인의 감정을 파악하는 수용 능력, 자신과 타인의 감정을 잘 이해하고 조정함으로써 원만한 인간관계를 만드는 역량, 즉 마음의 지능지수이다. 1995년에 다니엘 골먼(Daniel Goleman)이 "성공과 행복은 IQ보다 EQ가 좌우한다"라고 강조하며 처음으로 이 용어를 사용하였다. 그는 인지적 지능(Cognitive Intelligence) 외에도 감성적인 측면이 개인의 성공과 행복에 중요한 영향을 미친다고 강조했다.

나. 감성지능의 4분면

① 자기인식(Self-awareness): 자신의 감정, 감정적인 반응, 행동에 대해 인식하는 능력을 의미한다. 감성적인 사람들은 자신의 현재 감정을 인지하고 있으며 감정을 분별하고 표현하는 데에 능숙하다.

② 자기관리(Self-management): 감정을 적절하게 통제하고 조절하는 능력이다. 감성적인 사람은 감정에 지나치게 반응하거나 휩쓸리지 않고, 건강하게 처리한다. 자기감정 조절 능력, 스트레스 및 사회적 상황에 대응할 수 있는 능력이며 긍정적 관점, 적응력, 성취 지향성에 영향을 미친다.

③ 사회 인식(Social awareness): 타인의 감정을 수용하고 공감하는 능력, 감정이입능력, 조직인식이다. 감성적인 사람은 타인의 눈치를 살피고 상황에 맞는 공감과 이해를 표현하는 데 능숙하다.

④ 대인관계 관리(Relationship management): 타인의 감정을 이해하고 상황에 대처하며 긍정적 관계를 유지할 수 있는 능력, 갈등해소능력, 적극적 소통능력, 코칭 및 멘토링 능력이다. 감성적인 사람들은 갈등을 조정하고, 협력하며, 효과적인 소통을 통해 긍정적인 대인관계를 유지하는 데에 능숙하다.

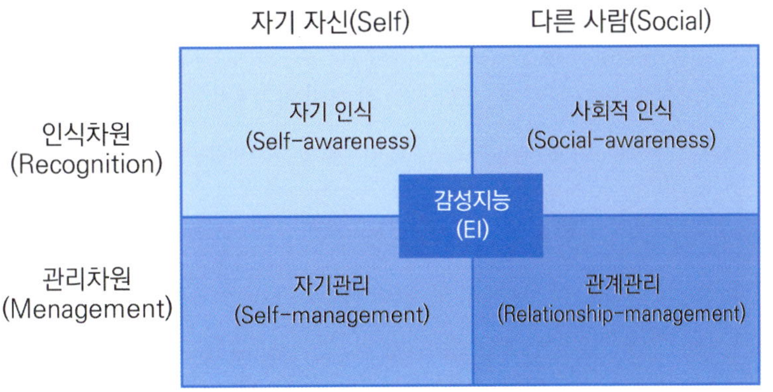

그림 3-4 감성지능의 4분면

감성지능이 높은 사람들은 감정을 문제해결이나 창의적 사고에 도움이 되는 자원으로 활용할 수 있다. 그들은 감정을 통해 자신에게 동기를 부여하거나 타인의 동기를 이끌어낼 수 있다. 좋은 감성지능을 가진 사람들은 자신의 감정을 이해하고 관리하면서, 타인의 감정을 존중하고 공감할 수 있으며, 갈등을 조율하고 효과적으로 협력하는 능력을 갖추고 있다. 이렇게 하면 자신의 목표를 달성하거나 타인과의 갈등을 해결할 수 있다.

올바른 문제의 해결을 위해서는 자기 입장만을 고집하는 독단적인 사람이 되어서는 안 되며 자기 인식을 통해 자신의 비전과 가치관을 이해하고, 자기감정 관리와 타인에 대한 이해를 토대로 대인관계의 능력을 키워나가야 한다. 그러므로 감성지능은 이러한 능력들은 개인의 성공과 직장에서의 성과, 대인관계 등 다양한 측면에서 긍정적인 영향을 미칠 수 있다.

감성지능은 훈련과 경험을 통해 발전할 수 있는 능력이며, 지속적인 자기 발전과 학습을 통해 개선할 수 있다. 감성지능을 향상하면 더 효과적인 대인관계를 구축하고, 성공적인 인생을 살아갈 수 있다. 감성지능은 유전자와 관련이 없고, 그보다는 시간의 흐름, 개인의 경험에 따라 유동적으로 변한다. 즉, 삶을 풍요롭게 만들 감성지능은 연습을 통해 언제든지 높일 수 있음을 의미한다.

다. 감성지능 높이는 방법

① 자신의 감정에 주의를 기울이고 기록하라

자신이 어떤 감정을 느끼는지 매일 점검하고 원인과 영향을 작성한다. 그리고 그 감정을 다른 사람에게 어떻게 표현했는지, 그 결과는 어떠했는지도 기록한다. 이렇게 하면 자신의 감정 패턴을 파악하고, 감정에 대한 인식력과 표현력을 향상시킬 수 있다.

② 타인의 감정에 공감하고 반응하라

타인과 대화할 때 상대의 표정이나 몸짓, 말투 등에 주의를 기울이고, 그들의 감정을 추측해보자. 그리고 상대방의 처지에서 생각하고 적절한 반응을 보여주자. 이렇게 하면 타인의 감정에 대한 이해력과 공감력을 향상할 수 있다.

③ 감정을 긍정적으로 활용하라

자신이나 타인의 감정이 부정적일 때는 그것을 긍정적으로 바꿔보자. 예를 들어, 슬픔은 자신에 관한 관심과 돌봄을 요구하는 신호일 수 있다. 스스로 위로해주거나 친구와 대화를 해보자. 분노는 자신의 권리와 가치를 지키기 위한 에너지일 수 있으므로, 폭력적이거나 비난받지 않게 자신의 의견을 표현해보자. 두려움은 자신의 한계와 도전을 알려주는 기회일 수 있으므로, 용기를 내서 시도해보자. 이렇게 하면 감정을 문제해결이나 성장에 도움이 되는 자원으로 활용할 수 있다.

(3) 표준화된 검사

다양한 기관에서 개발한 표준화된 검사를 통해서도 자신의 성격, 가치관, 직업흥미와 적성 등을 분석해 볼 수 있다. 자신을 파악하고 진로를 결정하는 데 도움이 된다. 소개하는 다음의 사이트는 다양하고 신뢰할 만한 검사를 제공한다. 대부분 회원 가입만 하면 무료로 검사를 받을 수 있다.

[참고사이트]

- 커리어넷(www.career.go.kr) : 직업흥미검사, 직업적성검사, 직업가치관검사
- 워크넷(www.work.go.kr) : 직업흥미검사, 적성검사, 직업가치관검사, 직업인성검사
- 한국행동과학연구소(www.kirbs.re.kr) : 적성검사, 인성검사, 직무지향성검사
- 한국심리검사연구소(www.k-pci.or.kr) : MBTI, STRONG 진로탐색검사, 직업흥미검사, AMI 성취동기검사
- 한국적성연구소(www.jstest.kr) : 진로흥미검사, 적성특성종합검사, 일반적성검사, 진로탐색검사
- 중앙적성연구소(www.cyber-test.co.kr) : 생애진로검사, 학과와 직업 적성검사, GATB적성검사, 적성진단검사
- 한국사회적성개발원(www.qtest.co.kr) : KAD(Korean Aptitude Development) 검사, 인성검사, 인적성검사

학문 분야와 학설에 따라 자아를 규정하고 설명하는 내용은 다르다. 그만큼 자아를 명확히 밝혀내기 어렵기 때문이다. 그러니 자기 파악과 자아실현은 어려울 수밖에 없다. 그러므로 문제해결을 올바로 할 수 있는 '나로 살기 위해서'는 지속해서 자아를 성찰하고 실현하기 위해 노력하면서 건강한 자의식을 확립하고 자존감과 자신감을 가지고 당당하게 살아갈 필요가 있다. 모든 것이 결국은 자신을 사랑하는 일에서 비롯되고 자신을 사랑할 때만 자신에게 충실하고 진지해질 수 있다. 그래야만 성공적인 삶도 문제해결도 있는 것이다. 잊지 말아야 할 것은 "내가 있어야 문제도 있고, 문제해결도 있다"라는 것이다!

워크시트 1

자신이 생각하는 "가치 있는 삶"이란 무엇인지 생각해보자.

1. 자신이 생활하면서 가장 중요하게 생각하는 가치는 무엇인가?

2. 자신이 지금까지의 생활 중에서 가장 보람 있다고 느낀 일이 있다면 무엇인가? 그렇게 생각하는 이유는?

3. 지금까지 삶에서 가장 후회되는 일이 있다면 무엇일까? 그렇게 생각하는 이유는?

4. 앞으로 살아가면서 죽기 전에 꼭 한 번 무조건 해보고 싶은 일이 있다면 무엇일까?

5. 자신이 생각하는 '가치 있는 삶'이란 무엇인가?

6. 자신이 가장 존경하는 사람(부모님, 선생님, 친구 등)이 항상 실천하라고 한 가치가 있다면 무엇인가?

워크시트 2

1. 자기인식도 조사

다른 사람과의 관계 속에서 자신이 어떻게 인지되고 있는지 알아봅시다. 각 질문에 대해 '그렇다'면 3점, '보통이다'이면 2점, '그렇지 않다'면 1점을 빈칸에 쓰고 총점을 내보자.

항목	내용	점수 (1/2/3점)
1	나는 다른 사람들에게 비교적 먼저 말을 거는 편이다.	
2	나는 전화를 받는 쪽보다 거는 쪽이 더 많다.	
3	나는 편지나 메일(또는 문자)을 먼저 보내는 편이다.	
4	나는 누구에게나 먼저 인사하는 편이다.	
5	나는 상대방의 말을 많이 듣는 것보다 나의 말을 많이 하는 편이다.	
6	나는 어려운 일을 다른 사람의 힘을 요청해 해결하기를 좋아하는 편이다.	
7	나는 남의 일에 관심을 많이 갖는 편이다.	
8	나는 공적인 일에 솔선수범하면서 먼저 나서는 편이다.	
9	나는 자신의 일에 지장을 다소 느끼더라도 다른 사람의 의견에 관심이 많고 협조하는 편이다.	
10	나는 공동의사를 결정할 때 나의 주장을 제시하고 관철시키는 편이다.	
총점		

결과 해석	• 종합점수 22점 이상: 자기인식이 뚜렷하고 주체적인 면이 강함 • 종합점수 16~21점: 보통임 • 종합점수 15점 이하: 자기인식이 불분명하고 객체적인 특성이 강함

※본 검사지는 이규은(2022: 76)을 인용한 것임

2. 감성테스트 해보기

개인의 정서지능지수(EQ)를 다음 사이트에서 테스트해봅시다.
https://eqtest.kr/
본 테스트 문답은 영국의 심리학 교수 Simon Baron-cohen과 미국의 심리학 교수 Daniel Goleman의 연구를 기반으로 하여 작성되었습니다. 감성지수와 공감지수를 측정하기 위한 본 EQ(Emotional/Empathy Quotient) 검사는 총 40문항이 나옵니다. 각 문항마다 평소에 편하고 습관적으로 하는 것을 체크하시면 됩니다. 테스트를 마치면 결과와 결과 해석을 볼 수 있습니다.

3. 자신의 꿈 또는 자신이 목표로 하는 직업이 무엇인지 생각해보고, 이를 달성하기 위한 SWOT 분석을 해봅시다.

강점 Strength	약점 Weakness
기회 Opportunity	**위협 Threat**

강점과 기회(S-O) 기회를 활용하여 강점을 극대화하는 방법은?	약점과 기회(W-O) 약점으로 인해 기회를 놓치지 않기 위한 대책은?
강점과 위협(S-T) 위협을 피해 강점을 부각할 수 있는 방법은?	**약점과 위협(W-T)** 약점과 위협으로 발생할 수 있는 최악의 사태를 피할 대책은?

창의적 문제해결

❒ **학습목표**

1. 스탠리 밀그램의 권위에 대한 복종이론을 이해할 수 있다.
2. 달리와 라테네의 방관자 이론을 이해할 수 있다.
3. 인간의 사고와 행동을 형성하는 과정과 메커니즘에 대해 알고 이를 문제 해결에 적용할 수 있다.

CHAPTER

04 인간심리 이해하기

심리학은 인간의 행동과 마음을 설명하고 예측하고 변화시키는 데 도움이 되는 학문이다. 심리학 이론은 다양한 분야와 관점에서 발전해 왔으며, 심리학이론을 문제해결에 활용하는 이유는 다양한 측면에서 유용한 통찰력과 도구를 제공하기 때문이다. 인간 모두가 각기 다른 사고의 체계를 가지므로 하나의 이론을 모든 인간 행동 설명에 일반화할 수는 없지만, 심리학 이론은 인간의 특정 행동 영역을 설명해 준다. 또한 복잡하고 바쁜 생활 때문에 우리 삶에 필요하지만 지나칠 수 있는 것들의 한 부분을 확대하여 보여준다. 따라서 심리학은 우리 삶을 분석할 수 있는 렌즈가 되고 이를 통해 우리 자신에 대해 살펴볼 수 있게 해준다.

1. 문제해결에 심리학 이론이 필요한 이유

문제해결에서 심리학을 학습하는 이유를 몇 가지 설명하면 다음과 같다.

(1) 인간 행동의 이해를 돕는다

문제해결 과정에서는 사람들의 행동과 선택에 대한 이해가 필요하며, 심리학적인 지식은 이러한 행동을 예측하고 설명하는 데 도움이 된다.

(2) 의사소통 및 협력을 촉진할 수 있다

문제해결과정은 다른 사람들과의 의사소통과 협력이 필요하다. 심리학적 이론은 대인관계와 커뮤니케이션에 대한 통찰력을 제공하여 상황을 더 효과적으로 다룰 수 있게 도와준다.

(3) 의사결정을 돕는다

문제해결과정에서 의사결정은 매우 중요한 부분이다. 심리학은 결정의 과정,

사람들이 어떤 인과관계를 고려하여 어떠한 선택을 하는지에 대한 정보를 제공한다.

(4) 문제 인식 및 해석에 도움이 된다

문제해결의 출발점은 문제를 인식하고 해석하는 것인데 심리학적 지식은 상황을 인식하는 방법과 어떻게 해석하는지에 대한 이해를 제공한다.

(5) 스트레스와 감정 관리에 도움이 된다

문제해결은 때로는 스트레스와 감정적인 요소들을 포함할 수 있다. 심리학적 이론은 감정의 원리와 스트레스 관리 방법에 대한 통찰력을 제공하여 문제 상황에서 더 적절한 대응을 할 수 있도록 도와준다.

(6) 창의성과 문제해결력을 강화한다

심리학적 이론은 창의적인 사고와 문제해결력을 향상시키는 데 도움을 줄 수 있다. 인간의 사고 과정을 이해하고 창의적인 아이디어를 도출하는 방법을 연구함으로써 문제에 대한 새로운 접근법 개발을 가능하게 한다.

이러한 이유로 심리학 이론은 다양한 분야에서 문제해결에 활용된다. 인간의 심리를 설명하는 다양한 이론이 있지만, 이 장에서는 인간관계를 설명하는 데 도움이 되는 스탠리 밀그램의 복종이론과 달리와 라타네의 사회적 신호와 방관자 효과에 대해 학습한다.

2. 스탠리 밀그램의 “권위에 의한 복종이론”

스탠리 밀그램(Stanley Milgram, 1933.8.1.5.~1984.12.20.)

미국의 사회심리학자로 하버드 대학교 재직 중 ‘작은 세상 현상’을, 예일 대학교 재직 중에는 ‘복종 실험’으로도 불리는 밀그램 실험(Milgram experiment)을 하여 사회적 파문을 일으켰다. 1984년 심장마비로 뉴욕에서 사망했다.

1933년 뉴욕에서 유대인 가정에서 헝가리인 아버지와 루마니아인 어머니의 아이로 태어났다. 밀그램은 학업 성적도 우수하고 또래 사이에서도 뛰어난 리더였다고 한다. 밀그램은 1954년 뉴욕시립대학 퀸즈칼리지에서 수업료 면제를 받으며 정치학과 학사학위를 받았다. 이후 하버드 대학교 심리학 박사과정에 지원하였으나 처음에는 심리학 분야 학습의 불충분으로 입학하지 못했다. 그러나 결국 1954년 하버드 특별학생처의 학생으로 입학하여 1960년 사회심리학 분야 심리학 박사학위를 받았다. 논쟁을 불러일으킨 밀그램 실험 때문에, 교수직 수행에 어려움을 겪다가 뉴욕시립대학교 대학원에서 종신 교수직을 제의했고, 밀그램은 이를 받아들였다(Blass, 2004). 밀그램은 심리학계 및 많은 심리학자에게 큰 영향을 끼쳤다.

스탠리 밀그램의 권위에 의한 복종이론은 사람들이 어떤 상황에서 비도덕적이거나 잔혹한 행위를 저지를 수 있는지를 연구한 심리학적 이론이다. 밀그램은 1961년 예일 대학교에서 권위자의 지시에 따라 다른 사람에게 전기 충격을 가하는 피실험자들의 행동을 관찰하였다. 실험 결과, 대부분 피실험자가 자신의 도덕심이나 책임감보다는 권위자의 명령에 복종하는 경향이 있음을 발견하였다. 이는 사람들이 파괴적인 권위에 굴복하는 이유가 성격보다는 상황에 의존한다는 것을 보여주는 실험이었다.

(1) 실험의 시작

스탠리 밀그램은 2차 세계대전 당시, 나치 독일의 홀로코스트와 관련된 사건들에 대한 의문을 품었다. 밀그램은 일반적이고, 교육받았으며, 평소 도덕적이었던 인간이 어떻게 그렇게 잔인한 행동을 할 수 있었는지, 그리고 그들은 자신의 행위에 대해 어떤 책임감을 느꼈는지 궁금해했다.

밀그램의 연구는 나치시대 유대인 학살자 아돌프 아이히만(Otto Adolf Eichmann)이 재판받는 모습에서 시작됐다. 아돌프 아이히만은 나치 독일의 상급돌격대 지도자로, 홀로코스트의 주요 실행자 중 한 명이었다. 그는 유대인들을 강제로 게토와 학살 수용소로 추방하는 것을 촉진하고 관리하는 임무를 맡았다. 전쟁 후에 아르헨티나로 도망쳤지만, 1960년에 이스라엘의 정보기관인 모사드에게 체포되어 예루살렘에서 재판을 받았다. 아이히만은 전쟁범죄, 반인도적 범죄 등 15가지의 혐의에 유죄 판결을 받아 1962년에 교수형에 처해졌다. 아이히만은 자신의 행위에 대한 책임을 지지 않고, 단지 권위자의 명령에 따랐을 뿐이라고 변명했고 그는 자신이 악한 사람이 아니라 평범한 사람이라고 주장했다. 그의 재판은 세계적인 관심을 불러일으켰고, 인간의 복종 심리와 악의 평범성에 대한 논쟁을 촉발했다. 아이히만은 나치 독일의 중요한 인물이었으며, 그의 역할과 행동은 역사적으로 많은 의미가 있다. 그는 홀로코스트의 희생자들과 생존자들에게 큰 상처와 고통을 준 범인이기도 하지만, 동시에 인간의 복종과 악의 본질에 대해 깊이 생각하게 하는 사례가 되기도 하였다. 아이히만의 재판은 텔레비전에 중계되었는데, 지극히 평범한 아이히만의 모습에 모든 사람들이 당혹감을 감추지 못했다. 아이히만 재판을 취재한 미국의 정치철학자 한나 아렌트(H. Arendt)는 무섭도록 평범한 아이히만의 표정을 곱씹으며 '악의 평범성'이라는 유명한 구절을 만들어냈다.

(2) 실험 내용

밀그램의 실험은 다음과 같은 과정으로 이루어졌다. 먼저 신문 광고를 통해 20대에서 50대 사이의 남성 40명을 모집하였다. 이들은 "징벌에 의한 학습 효과"라는 이름으로 위장된 실험에 참여하였고 각각 선생과 학생 역할로 나누어진 피실험자들은 서로 다른 방에 있었다. 선생 역할의 피실험자는 학생 역할의 피실험자에게 단어를 암기시키고, 문제를 내어 틀릴 때마다 전기 충격을 가할 수 있는 발전기를 조작하였다. 전기 충격은 15볼트부터 시작하여 450볼트까지 15볼트씩 증가하게 되어 있었다. 그러나 사실 학생 역할의 피실험자는 배우였으며, 전기 충격 장치도 가짜였다. 학생 역할의 배우는 전기 충격을 받으면 고통스럽게 비명을 질렀으며, 가슴이 아프다며 그만둘 것을 간청하고 전압이 너무 높아지면 죽은 듯이 전기 충격에 반응을 보이지 않는 연기까지 했다. 실험자는 흰색 가운을 입고 선생 역할의 피실험자를 관찰하였는데, 선생 역할의 피실험자가 전압 올리기를 거부하거나 고민할 때마다 실험자는 미리 준비해둔 4가지의 대사를 차례대로 읊으며 계속하라고 지시하였다. 대사들은 다음과 같다.

계속 진행해 주십시오.
실험을 위해서는 계속 진행해야만 합니다.
계속 진행해 주셔야만 합니다.
당신에게는 이것 외의 다른 선택지가 없습니다.

실험자는 이 외에는 아무 말도 하지 않았으며, 선생 역할의 피실험자가 4번째 대사까지 거부하면 실험을 중단하였다.

실험을 시작하기 전 밀그램은 피실험자들이 전압을 450볼트까지 올리리라 생각하지 않았다. 그는 많아야 3% 정도가 인체에 치명적인 300볼트 정도까지 올릴 것이라 예상했고, 450볼트까지 전압을 올리는 것은 0.1% 정도에 불과할 것으로 생각했다. 그러나 실험의 결과는 충격적으로 65%의 피실험자가 450볼트까지 전압을 올렸다. 이들은 자신이 죽인 것처럼 보이는 사람에게도 단지 지시에 따라 계속 전기 충격을 가했다. 물론 대부분 사람은 이 과정에서 불편해하거나 실험 목적이 무엇인지 의심하기는 했다. 그러나 실험자의 간단한 지시에도 결국 복종하는 경향이 있었다.

어떤 사람들은 "거꾸로 뒤집어 생각하면 35%는 끝까지 연구자의 지시를 거부했다는 것 아닌가? 그들이 있기에 세상은 아직 희망이 있다!"라고 역으로 해석하기도 한다. 그러나 정확히 따지면 그 35%의 피실험자 중에 12.5%만이 인체에 위험하다고 기계에 표시된 300볼트 이상 전기 충격을 가하기를 거부하였고 나머지 22.5%는 최소 315볼트까지는 연구자의 지시에 따라 전기 충격을 가했다는 것이다. 다만 최고 수준인 450볼트 충격을 가하는 것을 거부하였을 뿐이었다. 또한 적극적으로 실험을 저지하려 들거나 죽은 것처럼 반응이 없는 학생을 도우려 한 사람은 단 한 명도 없었다. 밀그램이 교사와 직접 대면하지 않고 스피커로 명령을 내릴 경우 거부하는 사람들이 증가했고, 가짜 교사를 한 명 더 추가했을 경우 이 가짜 교사의 반응에 피실험자가 크게 휘둘리는 경향을 보였다. 가령 가짜 교사가 높은 볼트의 전기 충격을 가하는 것을 거부하거나 실험을 중단할 것을 요구하면 피실험자들 또한 비슷한 반응을 보이는 경우가 증가하였다.

(3) 복종의 이유

밀그램의 실험은 인간의 복종 심리에 대한 깊은 통찰력을 제공했다. 그는 이 실험을 통해 사회적 상황이 개인의 행동에 어떤 영향을 미치는지를 분석하였고 복종의 원인으로 다음과 같은 요인들을 제시하였다.

① 권위자의 물리적 가까움

실험자가 선생 역할의 피실험자와 같은 방에 있으면 복종률이 높아지고, 반대로 멀리 있으면 낮아진다.

② 권위자의 위신

실험자가 과학자로서의 위신을 갖고 있으면 복종률이 높아지고, 반대로 일반 사람으로 보이면 낮아진다.

③ 희생자의 물리적 가까움

학생 역할의 배우가 선생 역할의 피실험자와 같은 방에 있으면 복종률이 낮아지고, 반대로 멀리 있으면 높아진다.

④ 희생자의 인간성

학생 역할의 배우가 선생 역할의 피실험자와 대화를 나누거나 친밀감을 주면 복종률이 낮아지고, 반대로 인간성이 없어 보이면 높아진다.

⑤ 동료들의 영향

선생 역할의 피실험자가 다른 선생 역할의 피실험자들과 함께 있으면 복종률이 변화한다. 다른 선생 역할의 피실험자들이 복종하면 복종률이 높아지고, 반대로 거부하면 낮아진다.

밀그램은 이 실험을 통해 복종에 관한 두 가지 인간 심리를 설명하였다.

첫째는 피실험자를 상황에 묶어두는 '구속요인들'이 있다는 것이다. 그 요인은 피실험자의 공손함이나 실험자를 돕겠다는 처음의 약속을 지키려는 소망, 그러한 약속의 철회가 갖는 어색함 등이다. 둘째는 피실험자의 생각 속에서 일어나는 많은 순응적 변화가 권위자에게서 벗어나려는 결심을 방해한다. 그러한 순응은 실험자와 관계 유지에 기여하는 동시에, 실험상의 갈등으로 인한 긴장을 줄이는 데도 기여한다.

첫 번째 말은 사람들이 약속한 것을 깨기 싫어하는 속성이 있다는 것이다. 약속을 쉽게 파기하는 사람들로 사회가 구성되면 그 사회는 오래 유지될 수 없다. 따라서 사회 구성원들은 마음속에 '약속은 지켜져야 한다'라는 주문을 외우고 약속을 지키는 것이 바로 사회가 요구하는 최소한의 규범이라고 굳게 믿는 것이다. 두 번째 말은 권위(자)에 대한 순응이 갈등을 최소화한다는 것이다. 순응은 나로부터의 동기가 아니라 타인, 정확히는 권위자의 동기에 나를 맞추는 심리이다. 이렇게 하지 않으면 갈등이 생기고 긴장이 조성되면 사람들은 그것을 견디지 못한다. '좋은 게 좋은 것이다' 또는 '적당히 살자'라는 생각이 여기에서 나온다. 이것이 바로 복종의 본질이라고 밀그램은 설명했다.

밀그램은 이러한 요인들을 조절하면서 여러 가지 변형된 실험을 수행하였다. 그는 이를 통해 사회적 상황과 인간의 도덕성 사이의 갈등을 탐구하였다. 그는 이러한 갈등을 해결하기 위해서는 개인적 책임감과 독립적 사고력을 강화하는 것이 필요하다고 주장하였다. 인간의 사고, 도덕성, 책임감이 얼마나 중요한지 알게 하는 연구이다.

(4) 실험의 문제점

밀그램은 10년 뒤인 1974년에는 『권위에의 복종』(Obedience to Authority)이라는 책을 출간하였고 그의 실험은 이후 여러 심리 실험의 원형이 되었다. 그러나 밀그램의 실험은 실험참여자에게 연구자의 실험 의도와 실험 내용을 속이는 등의 이유로 윤리적으로 많은 비판을 받았다. 그는 실험의 비윤리성으로 미국 심리학회로부터 한 해 동안 자격 정지를 당했다. 심리학의 연구윤리에 일격을 가한 그의 실험 이후 심리학 실험을 할 때는 '실험 참가자에게 연구 과정 및 방법을 상세히 설명한다'는 중요한 절차가 삽입되었다.

불합리한 복종의 사례

조선시대의 사신제: 조선시대에는 왕의 명령에 저항하거나 반역을 저지른 자들을 처벌하기 위해 사신제라는 형벌이 있었다. 이는 왕의 명령으로 사형 선고를 받은 자의 가족과 친척, 그리고 그와 관련된 모든 사람을 죽이는 것이었는 데 왕의 권위를 높이고, 국민들에게 복종을 강요하는 수단이었다.

1978년 존스타운 대학살: 1978년, 미국에서 활동하던 종교단체인 피플스 템플의 지도자인 짐 존스는 가이아나에 자신의 신도들을 이끌고 이주하였다. 그는 자신을 신으로 선포하고, 신도들에게 자신의 명령에 절대적으로 복종하도록 요구하였다. 그는 미국 정부와 언론이 자신과 그의 신도들을 공격할 것이라고 주장하며, 신도들에게 자살을 강요하였고 그 결과, 900여 명의 신도가 사이안화칼륨이 들어간 음료수를 마시거나 총으로 쏘여 죽게 되었다.

이러한 사례들은 권위에 대한 복종이 얼마나 강력한 영향력을 가졌는지를 보여준다. 복종은 때로는 필요하고 유익한 것일 수 있지만, 때로는 비인도적이고 잔혹한 결과를 초래할 수 있다. 그러므로 우리는 권위에 맹목적으로 복종하기보다는 자신의 도덕적 판단과 책임감을 가지고 행동해야 할 것이다.

3. 달리와 라테네의 방관자 이론 (Bystander Effect)

– 여러분은 길거리에서 많은 사람들 속에 쓰러진 사람을 본다면
먼저 도와 주시겠습니까? –

방관자 이론은 존 달리와 빕 라테네라는 사회심리학자가 발견한 이론으로 주위에 사람들이 많을수록 어려움에 부닥친 사람을 돕지 않게 되는 현상을 뜻하는 심리학 용어이다. 이 현상은 1964년 미국에서 발생한 키티 제노비스 살인사건에서 유래되어 제노비스 신드롬이라고도 불린다.

존 달리(John Darley)는 1938년 미국에서 태어나 프린스턴 대학교에서 심리학을 전공했다. 그는 1968년부터 1999년까지 프린스턴 대학교 심리학과 교수, 2003년부터 2010년까지 뉴욕 대학교 심리학과 교수로 재직했다. 방관자 효과뿐만 아니라 도덕적 심리학, 사회적 영향력, 비상 상황에서의 행동 등에 대해 연구했다. 미국 심리학회의 회장도 역임했으며, 여러 학술지의 편집위원도 맡았고 2018년 6월 15일에 사망했다.

빕 라테네(Bibb Latané)는 1937년 프랑스에서 태어나 미국으로 이민하여 오하이오 주립 대학교에서 심리학을 전공했다. 그는 1965년부터 1977년까지 콜롬비아 대학교 심리학과 교수, 1977년부터 1994년까지 노스캐롤라이나 주립 대학교 심리학과 교수로 재직했다. 방관자 효과 외에도 사회적 영향력, 사회적 비교, 사회적 시설화, 사회적 동조 등에 대해 연구했다.

(1) 방관자 이론의 시작: 키티 제노비스(Kitty Genovese) 사건

키티 제노비스 사건은 1964년 3월 13일 뉴욕 퀸즈에서 발생한 강간 살인사건이다. 키티 제노비스라는 28세의 여성이 퇴근하던 새벽에 윈스턴 모즐리(Winston Moseley)라는 남성에게 습격을 받아 칼에 찔리고 강간당한 사건이다. 그녀는 약 35분 동안 여러 차례 공격을 받으며 비명을 지르고 주변의 도움을 요청했지만, 아파트 안에서 그 사건을 목격한 38명의 목격자 중 아무도 그녀를 도와주거나 경찰에 신고하지 않았다. 그녀는 병원으로 옮기는 도중에 사망했다.

최초에 이 사건은 어느 노동자급 여성의 살인사건으로 치부되었으나 이후 뉴욕타임스의 편집자가 그 사건을 목격하고도 도움을 주지 않은 상당수의 사람이 있다는 것을 발견하여 보도하면서 미국 전체가 도덕성 문제에 들썩였다. 기사는 목격자들이 무관심하게 방관했다고 비난했고, 이를 통해 대도시의 사람들이 서로에 대해 무감각하고 냉담하다는 인식을 심어주었다. 이 사건은 또한 방관자 효과라는 심리학 용어의 탄생과 연구의 계기가 되었다.

이 사건에 충격을 받은 두 명의 사회심리학자, 존 달리와 빕 라타네는 이 현상에 대해 거론된 여러 이유들이 이 사건을 설명하기에 충분하지 않다고 생각했다. 전화기만 들면 되는데?, 생명의 위협을 받는 상황도 아니고 법적 손해를 입을 상황도 아닌데?, 특별히 동정심이나 이타심이 없는 집단도 아닐 텐데 도대체 왜?라는 의문을 가지며 이런 사건이 발생했는지 의구심을 가지고 이 현상을 연구하기로 했다.

(2) 달리와 라테네의 방관자 효과 실험

달리와 라테네는 방관자 효과의 증명을 위해 다음과 같은 가설을 세우고 다양한 실험을 수행하였다.

- 위급한 상황에서 개인이 도움을 주는 행동을 취할 가능성은 다른 목격자의 수에 반비례한다.
- 위급한 상황에서 개인이 도움을 주는 행동을 취할 가능성은 다른 목격자의 반응에 영향을 받는다.

① 실험 1: 간질 발작 실험

달리와 라테네는 방관자 이론의 가설을 증명하기 위해 여러 가지 실험을 설계하고 수행했는데 그 중의 가장 유명한 실험은 간질 발작 실험이다. 이 실험의 내용은 다음과 같다.

실험 참가자들은 대학생들로, 고향을 떠나 대학생활을 하는 것에 대한 어려움에 대해 집단 토론을 하는 것으로 알고 실험에 참여하였다. 실험 참가자들은 각각 격리된 방 안에서 마이크를 통해서만 차례대로 이야기할 수 있었다. 여기서 진짜 실험 참가자는 단 한 명뿐이었고, 나머지는 사전에 녹음된 목소리였다. 실험 참가자는 자신이 말할 차례가 될 때까지 녹음된 다른 사람의 이야기를 듣고 있었는데, 어떤 사람이 자신은 간질을 앓고 있는데 스트레스가 많아지면 간질이 심해진다고 했다. 이후 그 사람은 갑자기 발작을 일으키기 시작하고, 목소리가 점점 커지고, 떨리고, 목이 졸리는 듯한 소리를 내면서 도움을 요청했다. 그러다 60초 정도가 지난 후에 정적이 흘렀다. 이때 실험 참가자가 어떻게 반응할지를 관찰하는 것이 이 실험의 목적이었다. 달리와 라테네는 이 실험에서 집단의 크기를 다양화하여 비교하였다. 예를 들어, 실험 참가자가 자신 외에도 간질 발작 소리를 들은 학생이 1명, 2명, 4명, 6명 있는 경우를 각각 시도하였다. 실험 결과는 다음과 같았다.

실험 참가자가 자신이 간질 발작 소리를 들은 유일한 사람이라고 생각했을 때, 60초 이내에 도움을 주러 간 사람이 85%였다. 그러나 자신 외에도 간질 발작 소리를 들은 학생이 4명 더 있을 때, 60초 이내에 도움을 주러 간 사람은 31%였고, 6분이 모두 지났을 때도 도움을 제공한 사람은 62%였다. 즉, 위급한 상황을 목격한 사람의 수가 많을수록 그들 중 누군가가 도움을 줄 가능성이 더 작아진다는 것을 발견하였다.

달리와 라테네는 이 실험을 통해 사람들의 반응이 집단의 크기에 따라 달라진다는 것을 확인할 수 있었고, 사건을 목격한 사람이 많을수록 개인이 느끼는 책임감은 적어진다는 '책임감 분산'이라는 현상도 알게 되었다. 이 실험은 방관자 효과를 연구하기 위한 첫 번째 시도였으며, 이후에도 위급한 상황의 종류, 방관자들의 성별, 연령, 인종, 친밀도 등을 조절하여 방관자 효과에 영향을 미치는 요인들을 탐색하였다.

② 실험 2: 연기 실험

이 실험은 한 공간에 3명의 실험자를 두고 설문지를 작성하도록 하였는데 2명은 연기자, 1명은 피실험자였다. 설문지를 작성하는 동안 방으로 가스를 들여보냈는데, 방으로 가스가 자욱하게 들어오자 피실험자는 당황했으나 2명이 아무렇지 않게 행동하는 것을 보고 아무런 조치를 취하지 않았다. 3명이 같은 방에 있고 2명이 전혀 의식하지 않을 경우 피실험자 가운데 단 한 명만이 복도 끝에 있는 실험자에게 연기가 난다고 보고하였다. 그러나 1명만을 연기가 나는 방에 둘 경우 모두가 비상사태로 파악하고 상황을 실험자에게 당장 보고하였다.

이 실험은 무리수가 많으면 방관하는 집단으로 인해 도움을 주는 행위가 억제된다는 것을 확인하는 한편, 사회적 신호를 보고 자신의 상황을 판단한다는 것을 알게 하였다. 실험참여자의 무대응은 무관심 때문이 아니라 대응의 유무를 두고 우유부단하게 갈등했기 때문이었다. 즉 남을 돕지 않은 것은 무관심 때문이 아니라 다른 구경꾼들 때문이고 이는 인간이 사회적 신호를 학습하기 때문이라는 것이다.

(3) 방관자 효과의 원인

달리와 라테네가 다양한 실험을 통해 방관자가 되는 원인으로 밝혀낸 것은 다음과 같다.

① 책임감 분산(Diffusion of Responsibility)

책임감 분산은 여러 사람이 있을 때 개인의 책임감이 분산되는 현상이다. 비상 상황에서 여러 사람이 함께 있을 때, 개인은 누군가 다른 사람이 도움을 제공할 것으로 기대한다. 결과적으로 개인들은 자신이 도움을 제공하지 않아도 다른 사람들이 대응할 것이라고 믿게 되는 경향이 있고 이로 인해 개인의 책임감이 분산되는 것이다.

② 다원적 무지(Pluralistic Ignorance)

다원적 무지는 사람들이 주변의 다른 사람들의 행동을 잘못 이해하거나 오해하는 현상이다. 비상 상황에서 사람들은 주변 사람들의 무반응을 보고 "아무도 이상한 일이 없다고 생각하는 것은 아닐까?"라고 판단할 수 있다. 이로 인해 사람들은 다수의 무반응을 잘못된 상황 판단으로 오해하게 된다. 방관자는 모든 사람이 아는데 자신만 모른다고 착각하거나, 모두 같은데 자신만 다르다고 착각한다. 즉, 다수의 무지로 인해 자신의 판단을 잃어버리게 되는 것이다. 예를 들어, 대학에서 어려운 논문을 주면 질문을 하지 않는 데 이때 질문을 하지 않는 이유는 자신만 모른다고 생각하기 때문이라는 것이다.

③ 평가우려(Evaluation Apprehension)

평가우려는 다른 사람들로부터 받게 될 평가에 대한 불안감으로 인해 개인의 행동이 영향을 받는 현상을 나타낸다. 비상 상황에서 도움을 제공할 때, 개인들은 다른 사람들의 반응을 걱정하며 도움을 제공하지 않거나 조치를 취하지 않는 경향이 있다. 즉 타인의 비판이나 부정적인 평가를 피하기 위해 도움 주는 것을 주저할 수 있다는 것이다.

달리와 라테네의 연구들은 방관자 효과의 심리적 원인과 해결책을 이해하고 개선하기 위한 중요한 근거가 되었다. 방관자 이론은 인간의 복종 심리와 사회적 영향력에 대한 중요한 통찰력을 제공한다. 이 이론은 우리가 위급 상황에서 어떻게 행동할지를 예측하고 개선하는 데 도움이 된다. 예를 들어, 위급 상황에서 도움을 받고 싶다면, 특정한 사람을 지목하거나 직접적으로 요청하는 것이 좋다. 그러면 책임감 분산 현상이 줄어들고, 도움을 받을 확률이 높아진다. 또한 비상 상황에서 자신의 반응과 다른 사람의 반응을 객관적으로 관찰하고, 자신이 책임감을 가지고 주체적으로 행동해야 한다.

(4) 방관자가 되지 않으려면?

방관자 효과는 우리 일상에서도 발생할 수 있는 현상이므로, 우리가 모두 적극적으로 도움을 주고받을 방법을 생각해봐야 한다. 우리의 작은 행동이 큰 변화를 만들 수 있고, 다른 사람들의 행동에도 긍정적인 영향을 줄 수 있기 때문이다.

① 교육과 인식 제고

사람들에게 방관자 효과에 대한 인식을 높이고, 비상 상황에서의 도움 제공의 중요성을 강조하는 캠페인이나 교육 프로그램을 개최 등의 교육을 시행한다.

> 몬테나 대학의 사회과학과 교수 아서 비만(Artur Beaman)은 남을 돕는 행위는 다음의 5단계로 구성되어 있으며, 교육을 받아 시민의식을 함양한 학생은 그렇지 못한 학생보다 두 배 이상 남을 돕는 경향이 있다고 강조하였다.
>
> 1. 사건 목격의 단계: 도움을 주는 사람은 사건을 목격해야 한다.
> 2. 도움인식의 단계: 도움을 줄 사람은 그 사건에 도움이 필요하다고 인식해야 한다.
> 3. 책임인식의 단계: 도움을 줄 사람은 개인적인 책임의식을 느껴야 한다.

4. 행동결정의 단계: 도움을 줄 사람은 취해야 할 행동을 결정해야 한다.
5. 행동 단계: 도움을 줄 사람은 행동을 취해야 한다.

② 개인의 책임감 강화

다른 사람들의 존재와 관계없이 자신의 행동이 상황에 영향을 줄 수 있음을 알리고, 도움을 제공하는 것이 중요하다는 의식과 개인의 책임감을 강조한다.

③ 직접적인 요청과 지시

도움이 필요한 상황에서 직접적으로 도움을 요청하거나 주변 사람들에게 지시하는 방식으로 상황을 해결할 수 있다. "거기 빨간 모자를 쓴 남자분 119에 전화해주세요!"와 같은 직접적인 요청이 도움이 된다.

④ 조직적 개입

공공장소나 조직 내에서 사람들에게 비상 상황에 대한 지침과 절차를 제공하는 것이 중요하다. 화재 경보, 비상 출구 표시 등의 시설을 설치하고 비상 대피 훈련을 시행함으로써 대응력을 강화할 수 있다.

❒ **학습목표**

1. 정보를 수집하고 분석하는 방법을 설명할 수 있다.
2. 정보 및 개인정보를 보호하고 관리할 수 있다.

CHAPTER

05 정보 수집 및 관리

1. 정보란 무엇인가?

(1) 정보의 개념

정보는 의미 있는 데이터의 집합으로 인간이나 기계가 이해하고 활용할 수 있는 형태로 표현된 지식이나 사실이다. 정보는 주로 문자, 숫자, 이미지, 음성 등의 형태로 존재하며, 의사소통, 학습, 결정, 문제해결 등 다양한 목적으로 사용된다.

정보는 데이터와 밀접한 관련이 있다. 데이터는 원시적이고 형식적인 사실과 숫자들의 모임을 의미하지만, 정보는 데이터를 처리하고 해석함으로써 의미를 부여한 것을 뜻한다. 데이터는 정보의 기반 요소로, 특정한 업무와 관련성이 있거나, 적절성 유무에는 관계가 없이 인간의 감각기관으로 받아들여지고 있는 음성, 이미지(image), 사실(fact) 등을 의미한다. 즉, 정보의 원재료가 데이터라 볼 수 있다.

(2) 정보의 종류

- 문자 데이터: 글(글자), 기호(습자 포함) 등으로 표현된 데이터
- 수치 데이터: 사칙연산(+, −, x, −)이 가능한 숫자로 표현된 데이터
- 영상 데이터: 그림, 동영상, 음성 등으로 구성된 데이터
- 1차 정보: 가공되지 않은 형태의 데이터
- 2차 정보: 특정 목적에 따라 가공 서비스된 데이터

(3) 유용한 정보의 특성

유용한 정보란, 특정한 목적이나 용도에 적합하게 사용될 수 있는 자료를 의미한다. 예를 들어, 의사결정을 하는 데 도움이 되는 정보, 문제를 해결하는 데 필요한 정보, 지식을 증진시키는 데 기여하는 정보 등이 유용한 정보라고 할 수

있다. 유용하고 가치 있는 정보는 다음과 같은 특성이 있다.

① 의미: 정보는 의미가 있으며 이를 이해하는 사람이나 기계가 지식을 확장하고 새로운 사실을 배울 수 있어야 한다.

② 유용성: 정보는 특정 목적을 달성하기 위해 사용될 수 있어야 한다. 정보가 유용하지 않다면 그 자체로 가치가 낮다.

③ 정확성: 정보는 정확하고 신뢰할 수 있어야 한다. 오류가 있거나 잘못된 정보는 오히려 혼란을 초래할 수 있다.

④ 시기적 적절성: 정보는 필요한 특정 시점에 제공되어야 한다. 시기적 적절성이 높을수록 정보의 가치가 높아진다.

⑤ 경제성: 정보의 가치가 정보 생성 비용보다 커야 한다.

⑥ 완전성: 정보 속에 필요한 자료가 모두 포함되어 있어야 한다.

⑦ 간편성: 의사결정에 필요한 데이터를 요약 및 여과 과정을 거쳐 정보를 생성하는 것을 의미한다.

⑧ 검증가능성: 많은 정보원을 검토하여 정보의 정확성을 확인할 수 있어야 한다.

(4) 정보 형태의 변화

정보는 지식을 확장하고 의사결정에 도움을 주는 등 사회와 기술 발전에 핵심적인 역할을 한다. 특히 현재 디지털 사회에서 정보는 생산과 공유가 빠르게 이루어지고 있다. 과거에 비해 현재는 인터넷과 모바일 기기, 소셜 미디어 등의 통신 기술이 발달하여 정보의 생산과 공유가 매우 빠르고 편리해졌다. 불과 몇 년 전까지만 해도 신문, 방송, 잡지 등의 매체를 통해 정보를 접했지만, 지금은 스마트폰, 태블릿, 노트북 등을 통해 실시간으로 다양한 정보를 얻을 수 있다. 이러한 정보화 시대에서 정보는 더욱 다양한 형태로 변화하고 있다.

① 빠른 생산

뉴스, 블로그, 소셜 미디어, 온라인 등 다양한 플랫폼을 통해 사람들은 정보를 빠르게 생산하고 공유할 수 있다. 사건이 발생하자마자 인터넷을 통해 전 세계로 빠르게 전달되는 시대이다.

② 다양한 형태

텍스트뿐만 아니라 이미지, 동영상, 음성 등 다양한 형태의 정보가 쉽게 제공되고 소비되고 있다.

③ 개인화

디지털 기술을 통해 사용자에 맞춘 맞춤형 정보가 제공되며, 사용자의 관심사에 따라 정보가 필터링 되어 제공될 수 있다.

④ 상호작용

인터넷상에서 사용자들은 정보를 쉽게 교환하고 의견을 공유하며, 소통할 수 있다.

이러한 정보의 빠른 생산과 공유는 동시에 정보의 진실성과 신뢰성에도 영향을 미친다. 빠르게 퍼지는 정보는 오보일 수도 있으므로 사람들은 비판적인 시각으로 정보를 접하고 확인하는 능력을 지녀야 한다. 그렇기 때문에 디지털 사회에서는 정확하고 신뢰성 있는 정보를 구별하고 활용하는 능력이 더욱 필요하며, 이러한 정보 능력은 개인과 사회의 성공과 행복에 영향을 미친다.

2. 정보능력이란?

(1) 정보능력의 개념

정보능력(Information Literacy)은 개인이 디지털 시대에서 다양한 정보를 찾고, 평가하고, 이해하며, 활용하는 능력을 의미한다. 국가직무능력 표준에 따르면 정보능력은 업무와 관련된 정보를 수집하고, 이를 분석하여 의미 있는 정보를 찾아내며, 이러한 정보를 업무수행에 적절하게 조직하고, 조직된 정보를 관리하며, 업무 수행에 이러한 정보를 활용하고, 이러한 제 과정에 컴퓨터를 사용하는 능력이다. 정보능력은 현대 사회에서 핵심적인 능력으로 간주되며, 인터넷과 디지털 기술의 발달로 인해 더욱 중요해지고 있다.

디지털 리터러시(Digital Literacy)는 디지털 플랫폼의 다양한 미디어를 접하면서 명확한 정보를 찾고, 평가하고, 조합하는 개인의 능력을 뜻한다. 디지털 리터러시는 전통적인 문해력의 개념을 대체하는 것은 아니지만 그것을 확장하여 발달시킨 개념이며, 디지털 기술과 콘텐츠에 대한 정보 이해 및 표현 능력과 소양을 포함한다. 정보 능력은 보편적인 개념으로, 어떠한 환경에서도 정보를 찾고 이해하며 활용하는 능력을 의미하는 반면 디지털 리터러시는 이러한 정보 능력의 한 부분으로, 디지털 환경에서 정보를 찾고 이해하며 활용하는 능력을 강조하는 개념이다.

(2) 정보능력의 하위능력과 정보능력을 가진 개인

정보능력의 하위능력은 컴퓨터활용능력과 정보처리능력의 두 가지로 나뉜다.

하위능력	정의	세부요소
컴퓨터활용 능력	업무와 관련된 정보를 수집, 분석, 조직, 관리, 활용하는 데 있어 컴퓨터를 사용하는 능력	• 컴퓨터 이론 • 인터넷 사용 • 소프트웨어 사용
정보처리 능력	업무와 관련된 정보를 수집하고, 이를 분석하여 의미 있는 정보를 찾아내며, 의미 있는 정보를 업무수행에 적절하도록 조직하고, 조직된 정보를 관리하며, 업무수행에 이러한 정보를 활용하는 능력	• 정보 수집 • 정보 분석 • 정보 관리 • 정보 활용

출처: 한국산업인력공단. 기초직업능력프로그램 정보능력 교수자용 워크북

정보능력을 가진 개인은 다음과 같은 능력을 함양해야 한다.

① 정보검색능력

웹 검색 엔진, 라이브러리 카탈로그, 데이터베이스 등을 효과적으로 활용하여 원하는 정보를 찾을 수 있다.

② 정보평가능력

정보의 출처, 신뢰성, 정확성, 편향성 등을 평가할 수 있다. 오해를 초래할 수 있는 허위 정보나 조작된 정보를 식별하는 능력이 있다.

③ 정보이해능력

수집한 정보를 분석하고 이해할 수 있으며, 복잡한 정보를 정리하고 요약하는

능력을 갖추고 있다.

④ 정보활용능력

수집한 정보를 적절하게 활용할 수 있다. 문제해결, 의사결정, 연구 등 다양한 목적으로 정보를 활용할 수 있다.

⑤ 정보윤리

정보를 사용하고 공유할 때 윤리적인 측면을 고려한다. 저작권, 출처 표시, 개인정보보호 등 정보에 대한 윤리적인 책임을 이해하고 준수한다.

(3) 정보 분석과 평가

정보를 잘 분석하고 평가하기 위해서는,

① 출처 확인을 잘해야 하다. 정보의 출처를 확인하고 신뢰할 수 있는 소스에서 비롯된 것인지 확인해야 한다. 신뢰성이 높은 출처에서 나온 정보일수록 더 신뢰할 수 있다.

② 다양한 출처를 활용해야 한다. 단일 출처에서 나온 정보보다 여러 다른 출처를 비교하면 정보의 정확성과 신뢰성을 더욱 확보할 수 있다.

③ 중립적인 정보를 찾으려고 노력해야 한다. 정보 제공자의 편견이나 선입견으로 인해 정보가 왜곡될 수 있다. 편향성을 잘 찾아내서 가능한 중립적인 정보를 찾으려고 노력해야 한다.

④ 사실과 의견을 구분해야 한다. 사실은 검증 가능한 것이고, 의견은 개인적인 견해이므로 사실과 의견을 구분하는 것이 중요하다.

⑤ 최신의 정보를 참고해야 한다. 정보는 시간에 따라 유효성을 잃을 수 있다. 그러므로 최신 정보를 활용하는 것이 중요하다.

⑥ 데이터가 통계적으로 신뢰성이 있는지 점검해야 한다. 통계적 정보를 활용할 때는 데이터의 크기와 수집 방법 등을 고려하여 신뢰성을 평가해야 한다.

⑦ 근거를 기반으로 결론을 내려야 한다. 정보를 토대로 내린 결론은 충분한 근거와 논리적인 사고를 기반으로 해야 한다.

⑧ 숨어있는 동기를 파악해야 한다. 정보를 제공하는 주체가 어떤 이유로 정보를 제공하고 있는지 파악하는 것이 중요하다. 정보를 제공하는 자와 받는 자 사이의 이해관계 등에 의해 정보가 왜곡될 수 있기 때문이다.

⑨ 피드백을 살펴봐야 한다. 다른 사람들의 피드백이나 리뷰를 확인하면 정보

의 신뢰성을 검증할 수 있다.

⑩ 비판적으로 사고해야 한다. 본인도 편향성을 가질 수 있으므로 자신의 사고를 비판적으로 접근하고 검토해야 한다.

(4) 정보 분석을 잘해야 하는 이유

첫째, 올바른 결정을 하도록 돕는다. 정보 분석은 문제를 해결하거나 상황에 맞는 올바른 결정을 내리는 데 도움을 준다. 그러나 잘못된 정보를 기반으로 한 결정은 예측하지 못한 결과를 초래할 수 있다.

둘째, 문제해결을 효과적으로 할 수 있다. 정보를 분석하면 문제의 원인을 파악하고 해결 방법을 찾을 수 있다.

셋째, 새로운 기회를 발견할 수 있다. 정보를 잘 분석하면 새로운 아이디어를 얻을 수 있고, 시장 동향을 잘 파악하여 새로운 사업 기회를 찾을 수 있다.

넷째, 경쟁에서 우위를 확보할 수 있다. 정보를 미리 잘 분석하면 경쟁자들보다 더 나은 전략을 수립하고 경쟁 우위를 확보할 수 있다.

다섯째, 위험을 미리 대비하고 관리할 수 있다. 정보 분석을 통해 잠재적인 리스크를 파악하고 대비책을 마련할 수 있다. 이는 개인이나 기업 모두에게 중요하며 이를 통해 불필요한 손실을 줄일 수 있다.

여섯째, 자기 발전에 도움이 된다. 정보 분석 능력은 개인의 지식과 인지력을 향상하고, 새로운 정보를 습득하고 이해하는 데 도움이 된다.

일곱째, 사회적 가치를 창출한다. 정보 분석을 통해 사회적 문제를 해결하고 사회적 가치를 창출할 수 있어 사회에 이바지하는 데 도움이 된다.

정보 분석 능력이 탁월하면 더 나은 결정과 더 효과적인 문제해결이 가능하며, 기회를 찾고 경쟁 우위를 확보하는 데 도움이 된다. 또한, 개인적인 자기 발전과 사회적 가치 창출에도 기여할 수 있다. 그러므로 정보 분석 능력은 개인과 조직에게 큰 가치를 제공하는 능력이라 할 수 있다.

(5) 정보 능력을 함양하려면?

정보능력은 정보사회에서 필수적인 직업기초능력 중 하나이며 다양한 분야의 업무와 의사결정에 영향을 미친다. 그러므로 문제해결에도 필수적인 요소라

할 수 있다. 정보 능력을 갖추기 위해서는 다음과 같은 방법들이 도움이 될 수 있다.

① 워드프로세서, 스프레드시트, 프레젠테이션, 데이터베이스 등의 주요 소프트웨어 프로그램을 숙지하고 활용할 수 있도록 연습한다.

② 인터넷 검색 엔진을 효과적으로 사용하여 필요한 정보를 신속하고 정확하게 찾아낼 수 있도록 연습한다.

③ 검색된 정보의 출처와 신뢰도를 판단하고, 필요한 부분만을 추출하고 정리할 수 있도록 연습한다.

④ 정리된 정보를 적절한 형식과 양식으로 표현하고 전달할 수 있도록 연습한다.

⑤ 자신의 업무와 관련된 최신의 정보와 동향을 지속해서 파악하고 학습할 수 있도록 노력한다.

정보능력은 학업, 직업, 개인 생활 등 다양한 영역에 필요하며 미래 사회에서는 더욱 중요해질 것이다. 정보능력은 인간이 지식을 확장하고 새로운 기술과 변화하는 환경에 적응하는 데 도움을 주는 핵심적인 능력으로서, 개인의 성공과 사회의 지속성 보장에 도움이 된다.

3. 정보수집전략

(1) 정보수집 전략의 단계

정보수집전략은 효율적으로 필요한 정보를 수집하는 방법과 절차를 계획하는 것을 의미한다. 정보수집전략은 다양한 목적과 상황에 맞게 구체적으로 설계해야 한다. 일반적으로 정보 수집을 위해 고려해야 할 전략을 단계에 따라 분류하면 다음과 같다.

단계	내용
① 목적 설정	정보수집전략의 가장 첫 단계는 목적을 설정하는 것이다. 어떤 정보가 필요한지, 그 정보를 어떻게 활용할 것인지를 명확히 정의한다
② 필요한 정보 식별	목적에 맞게 필요한 정보를 식별하고 목표를 달성하는 데 필요한 정보의 종류와 범위를 파악한다
③ 정보원과 수집 방법 결정	정보를 어디서 얻을 것인지를 결정하고, 적절한 정보원과 수집 방법을 선택한다. 정보원은 도서관, 인터넷 검색, 전문가 인터뷰, 설문조사, 공식 문서 등 다양한 형태일 수 있다
④ 정보수집 계획수립	정보수집을 계획적으로 수행하기 위해 일정, 예산, 자원 등을 포함하는 정보수집 계획을 세워야 한다
⑤ 데이터수집과 기록	선택된 정보원으로부터 데이터를 수집하고 기록한다. 데이터 수집은 주의 깊게 진행되어야 하며, 데이터의 신뢰성과 정확성을 확인하는 것이 중요하다
⑥ 데이터 분석	수집한 데이터를 분석하여 유용한 정보를 도출하고, 이해하는 단계이다. 이 단계에서 통계 분석, 비교, 상관 분석 등을 수행할 수 있다
⑦ 결과 해석과 활용	데이터 분석 결과를 토대로 정보를 해석하고, 목적에 맞게 활용한다. 이를 통해 문제해결, 의사결정, 전략 수립 등 다양한 목표를 달성할 수 있다
⑧ 평가	정보수집전략의 성공과 효과를 평가하여 더 나은 전략을 개발하는 데 활용한다

(2) 정보수집전략에 고려할 요소

정보수집전략은 문제해결과 목표 달성에 미치는 영향이 매우 큰 중요한 단계이며, 효율성과 신뢰성을 극대화하기 위해서 체계적인 계획수립과 철저한 실행이 필요하다. 정보수집전략을 효과적으로 실행하기 위해 고려할 점은 다음과 같다.

① 목적과 질문 설정

분석의 목적과 해결하고자 하는 질문을 명확히 설정해야 한다. 목적에 따라 필요한 데이터와 분석 방법이 달라질 수 있기 때문에 초기에 목표를 정확히 수립하는 것이 중요하다.

② 데이터의 신뢰성 확인

분석에 사용되는 데이터가 신뢰성이 높은지 확인해야 한다. 데이터의 출처, 수집 방법, 샘플링 방법 등을 고려하여 데이터의 질을 평가해야 한다.

③ 데이터 정제

데이터 분석을 진행하기 전에 데이터를 정제해야 한다. 이상치, 누락 값, 중복 값 등을 처리하고 데이터를 일관되게 정리하는 작업이 필요하다.

④ 적절한 분석 방법 선택

분석에 적합한 방법을 선택해야 한다. 통계 분석, 비교 분석, 상관 분석, 텍스트 마이닝 등 다양한 분석 기법을 활용할 수 있다.

⑤ 결과의 해석

분석 결과를 보고 통찰력 있게 해석하는 것이 중요하다. 데이터의 의미를 이해하고 정보를 목적에 맞게 해석하여 해결책을 도출한다.

⑥ 주의사항과 한계점 인식

정보의 분석은 모든 상황을 완벽하게 설명하지 못할 수 있다. 따라서 분석 결과의 한계를 인식하고 주의해야 한다.

⑦ 비판적 사고

개인의 주관에 따라 분석 결과가 달라질 수 있으므로 분석 과정에서 개인적인 편견을 배제하고 다양한 관점과 가능성을 고려해야 하며 비판적 사고를 갖추는 것이 중요하다.

⑧ 시기적 접근

정보 분석은 정보의 시기가 적절해야 한다. 과거와 현재의 정보를 비교하고 미래에 대한 추세를 파악하는 능력이 필요하다.

정보 분석은 의사결정이나 문제해결에 큰 영향을 미치는 중요한 과정이다. 따라서 데이터를 기반으로 체계적으로 분석하고, 결과를 명확히 이해하는 것이 필요하다. 또한 분석 결과를 적절하게 활용하여 의사결정이나 전략 수립에 반영하는 능력도 중요하다.

4. 정보보호

정보보호란 컴퓨터나 네트워크 등을 통해 생성, 저장, 전송되는 정보에 대해 불법적인 접근, 변경, 유출, 파괴 등으로부터 보호하는 활동을 말한다. 정보보호는 정보의 기밀성, 무결성, 가용성 유지를 목표로 한다. 정보보호는 개인의 사생활과 권리를 보장하고, 기업의 경쟁력과 신뢰도를 높이고, 국가의 안보와 국익을 지키는 데 중요한 역할을 한다. 하지만 정보보호에도 여러 위협과 취약점이 존재한다. 다수의 해커들이 다양한 방법으로 정보를 탈취하거나 파괴하려고 시도한다. 예를 들어, 바이러스나 웜, 트로이 목마 등의 악성코드를 이용하여 컴퓨터나 서버를 감염시키거나, 디도스(Distributed Denial of Service) 공격을 통해 웹사이트나 네트워크를 마비시키거나, 브루트 포스(Brute Force) 공격이나 사회공학(Social Engineering) 기법을 통해 비밀번호나 계정을 탈취하거나, SQL 인젝션(SQL Injection) 등의 웹 취약점을 이용하여 데이터베이스에 접근하거나, 스니핑(Sniffing)이나 스푸핑(Spoofing) 등의 네트워크 공격을 통해 트래픽을 가로채거나 변조하거나, 랜섬웨어(Ransomware)를 통해 파일을 암호화하고 복구를 위한 몸값을 요구하는 등의 공격들이 있다.

(1) 중요 관련 법

① 개인정보 보호법

개인정보의 처리와 보호에 관한 사항을 규정한다. 개인정보 수집, 이용, 제공, 파기 등에 대한 규정과 개인정보 주체의 권리 보호 등이 포함되어 있다.

※ 사이트: https://www.law.go.kr/법령/개인정보보호법

② 정보통신망 이용촉진 및 정보보호 등에 관한 법률(정보통신망법)

이 법은 정보통신망 이용의 촉진과 정보통신망을 통한 전자적인 정보보호에 관해 규정한다. 사이버 보안, 개인정보 유출 방지, 불법 스팸 등에 관한 규정이 포함된다.

※ 사이트: https://www.law.go.kr/법령/정보통신망이용촉진 및 정보보호 등에 관한 법률

④ 청소년보호법

이 법은 청소년의 온라인 활동과 개인정보 보호를 위해 제정되었다. 청소년의 불법적인 웹사이트 이용 제한, 사생활 보호 등을 규정한다.

※ 사이트: https://www.law.go.kr/법령/청소년보호법

⑤ 정보공개에 관한 법률

이 법은 국민의 알 권리를 보장하고 국정에 대한 국민의 참여와 국정 운영의 투명성을 확보하기 위하여 공공기관이 보유·관리하는 정보를 모든 국민에게 원칙적으로 공개하도록 한다. 이 법은 국민이 공공기관이 보유하거나 관리하는 정보를 요청할 수 있는 권리와 절차를 제공한다.

※ 사이트: https://www.law.go.kr/법령/공공기관의 정보공개에 관한 법률

(2) 개인정보법 주요 사항

① 적용대상

분야별 개별법에 따라 시행되던 개인정보 보호 의무 적용 대상을 공공 민간 부문의 모든 개인정보처리자로 확대 적용한다.

② 보호범위

개인정보의 수집, 이용, 제공 기준을 규정한다. 개인정보를 수집할 때는 정보 주체의 동의를 받아야 하며, 수집·이용 목적, 수집 항목, 보유 및 이용 기간, 동

의 거부권 등을 알려야 한다. 또한 개인정보를 수집할 때는 필요 최소한으로 수집해야 하고 개인정보를 제3자에게 제공할 때는 정보 주체의 동의를 받아야 한다. 개인정보는 수집한 목적 범위를 초과하여 이용하거나 제3자에게 제공하는 것이 금지된다.

③ 개인정보의 처리 제한

민감정보, 고유식별정보 등의 처리를 제한한다. 개인정보처리자는 범위를 초과하여 개인정보를 이용하거나 제3자에게 제공하여서는 안 된다. 개인정보처리자는 법령에 따라 개인을 고유하게 구별하기 위하여 부여된 식별정보로서 대통령령으로 정하는 정보(이하 "고유식별정보"라 한다)를 처리할 수 없다.

④ 영상정보 처리기기 규제

영상정보 처리기기의 설치와 운영에 관해 규정한다. 영상정보처리기기는 일정한 공간에 상시 설치되어 사람 또는 사물의 영상 등을 촬영하거나 이를 유·무선망을 통하여 전송하는 장치로서, 폐쇄회로 텔레비전과 네트워크 카메라를 포함한다. 「개인정보보호법」에 따라 영상정보처리기기는 설치 근거, 설치 목적, 설치 대수, 설치 위치, 촬영 범위, 촬영 시간, 보관 기간, 열람 요구 등에 관한 사항을 기록·관리하고, 목적 외 이용, 제3자 제공, 파기 등을 적절히 관리해야 한다. 또한 「개인정보보호법」 제25조에 따르면 다음과 같은 경우에는 영상정보처리기기의 설치·운영이 금지된다.

- 공개된 장소에서의 설치·운영 금지: 법령에서 구체적으로 허용하고 있는 경우, 범죄의 예방 및 수사를 위하여 필요한 경우, 시설안전 및 화재 예방을 위하여 필요한 경우, 교통단속을 위하여 필요한 경우, 교통정보의 수집·분석 및 제공을 위하여 필요한 경우를 제외하고는 공개된 장소에 영상정보 처리기기를 설치·운영해서는 안 된다.
- 사생활 침해 우려가 있는 장소에서의 설치·운영 금지: 불특정 다수가 이용하는 목욕실, 화장실, 발한실(發汗室), 탈의실 등 개인의 사생활을 현저히 침해할 우려가 있는 장소의 내부를 볼 수 있는 영상정보처리기기를 설치·운영해서는 안 된다.

⑤ 개인정보 유출 통지 및 신고제 도입

개인정보 유출이 발생하면 정보 주체에게 통지하고 관련 기관에 신고할 의무가 있다.

⑥ 정보 주체의 권리 보장

정보 주체의 권리를 보장하며, 정보 주체는 자신의 개인정보에 대한 열람, 정정, 삭제 등을 요구할 수 있다.

⑦ 안전조치 의무

개인정보처리자는 개인정보의 안전성 확보 조치를 취해야 한다. 개인정보처리자는 개인정보가 분실·도난·유출·위조·변조 또는 훼손되지 않도록 내부 관리계획 수립, 접속기록 보관 등 대통령령으로 정하는 바에 따라 안전성 확보에 필요한 기술적·관리적 및 물리적 조치를 해야 한다.

개인정보보호법 제71조에 따르면, 정보 주체의 동의 없이 개인정보를 제3자에게 제공한 자, 민감정보를 처리한 자, 고유식별정보를 처리한 자, 업무상 알게 된 개인정보를 누설하거나 권한 없이 다른 사람이 이용하도록 제공한 자 등은 5년 이하의 징역 또는 5천만 원 이하의 벌금에 처할 수 있다.

정보보호를 위해 특히 주의할 내용을 축약해보면 다음과 같다.

- 정보 주체 동의 없이 개인정보를 제3자에게 제공하지 말 것
- 영리 또는 부정한 목적과 수단으로 개인정보를 취득하지 말 것
- 사생활 침해 우려 정보를 다루지 말 것
- 동의 없이 고유식별정보를 다루지 말 것
- 업무상 알게 된 개인정보를 누설하지 말 것
- 타인 개인정보를 훼손, 멸실, 유출하지 말 것
- 영상정보처리기기를 설치 목적에 맞게 사용할 것
- 안전성 확보 조치 없이 개인정보를 분실, 도난, 유출하지 말 것
- 정정, 삭제에 필요한 조치 없이 개인정보를 계속 이용하지 말 것
- 개인정보처리 정지요구를 무시하고 계속 이용하거나 제3자에게 제공하지 말 것

정보를 보호하려면 개인, 기업, 정부 등 모든 이해 관계자들이 적극적으로 참여하고 협력해야 한다. 개인은 자신의 정보를 보호하기 위해 비밀번호를 강화하고 자주 바꾸고, 악성코드 방지 프로그램을 설치하고, 불필요한 개인정보를 공개하지 않고, 이상한 링크나 첨부파일을 클릭하지 않는 등의 조치를 취해야 한다. 기업은 고객의 정보를 보호하기 위해 보안 시스템을 강화하고, 보안 인증을

받고, 보안 교육을 시행하고, 보안 감사를 수행하고, 보안 사고가 발생할 때 적절한 대응과 보상을 하고, 보안 문화를 정착시키는 등의 조치를 취해야 한다. 정부는 국가의 정보를 보호하기 위해 보안 법령과 정책을 마련하고, 보안 기관과 연구소를 운영하고, 보안 인력을 양성하고, 보안 산업을 육성하고, 국제 협력을 확대하는 등의 조치를 취해야 할 것이다.

워크시트 1

1. 정보능력 체크리스트

다음은 자신의 정보능력 수준을 스스로 알아볼 수 있는 체크리스트이다. 본인의 평소행동을 잘 생각해보고 행동과 일치하는 것에 체크해보자.

문항	그렇지 않은 편이다.	그저 그렇다.	그런 편이다.
1. 나는 정보와 자료의 차이가 무엇인지 설명할 수 있다.	1	2	3
2. 나는 정보화 사회의 특징에 대해 설명할 수 있다.	1	2	3
3. 나는 업무수행에 있어서 컴퓨터가 활용되는 분야를 설명할 수 있다.	1	2	3
4. 나는 업무수행에 있어서 정보를 효과적으로 처리하기 위한 절차를 설명할 수 있다.	1	2	3
5. 나는 사이버 공간에서 지켜야 할 예절과 규칙을 설명할 수 있다.	1	2	3
6. 나는 업무와 관련된 중요한 정보의 유출을 방지할 수 있는 방법을 설명할 수 있다.	1	2	3
7. 나는 업무수행에 필요한 인터넷서비스의 종류를 설명할 수 있다.	1	2	3
8. 나는 인터넷을 활용하여 업무수행에 필요한 정보를 검색할 수 있다.	1	2	3
9. 나는 업무수행에 필요한 소프트웨어의 종류 및 특징을 설명할 수 있다.	1	2	3
10. 나는 업무수행에 있어서 데이터베이스 구축의 필요성을 설명할 수 있다.	1	2	3
11. 나는 업무수행에 필요한 정보를 효과적으로 수집할 수 있는 방법에 대해 설명할 수 있다.	1	2	3

문항	그렇지 않은 편이다.	그저 그렇다.	그런 편이다.
12. 나는 업무수행에 있어서 정보분석 및 가공의 중요성을 설명할 수 있다.	1	2	3
13. 나는 업무수행에 필요한 정보를 효과적으로 관리할 수 있는 방법을 설명할 수 있다.	1	2	3
14. 나는 업무수행에 유용한 정보와 그렇지 않은 것을 구분하여 효과적으로 정보를 활용할 수 있는 방법에 대해 설명할 수 있다.	1	2	3

2. 평가방법

체크리스트의 문항별로 자신이 체크한 결과를 아래 표를 이용하여 해당하는 개수를 적어보자. 평가방법에 따라 자신의 수준을 진단한 후, 한 문항이라도 '그렇지 않은 편이다'가 나오면 그 부분이 부족한 것이기 때문에, 해당하는 능력을 향상시키기 위해 노력해야 한다.

문항	수준	개수
1~6번 정보능력	그렇지 않은 편이다.	
	그저 그렇다.	
	그런 편이다	
7~10번 컴퓨터활용능력	그렇지 않은 편이다.	
	그저 그렇다.	
	그런 편이다	
11~14번 정보처리능력	그렇지 않은 편이다.	
	그저 그렇다.	
	그런 편이다	

출처: 한국산업인력공단. 기초직업능력프로그램 정보능력 교수자용 워크북

워크시트 2

현대사회를 '정보혁명', '컴퓨터 혁명' 또는 '커뮤니케이션 혁명'으로부터 파급된 디지털 정보화 사회라고 부른다. 정보화 사회의 도래에 가장 결정적인 영향을 미친 것은 아마도 컴퓨터 기술과 통신 기술의 발전일 것이다. 당신도 일상생활 혹은 업무수행에서 10년 전과 현재는 많이 다르다는 것을 느낄 것이다. 그렇다면 10년 후의 모습은 어떻게 변화될까?

1. 일상생활 혹은 업무수행에서 10년 전과 현재를 비교했을 때, 달라진 점은 무엇인지 각자의 생각을 적어보도록 하자.

10년 전	현재

2. 업무수행 혹은 일상생활에서 10년 후에는 어떻게 변화하게 될지 각자의 생각을 적어보도록 하자.

창의적 문제해결

PART 03

문제해결 핵심 사고력

❒ **학습목표**

1. 창의적 사고가 무엇인지 설명할 수 있다.
2. 창의적 인재의 특성을 이해할 수 있다.
3. 창의적 사고의 장애요인을 이해할 수 있다.
4. 창의적 사고 개발 방법을 알고 적용할 수 있다.

CHAPTER

06 창의적 사고와 창의적 사고 개발

1. 창의적 사고의 개념

창의적 사고라고 하면 "나한테 그런 능력이 있을 리 없어" 또는 "창의적인 사고는 특별한 사람에게만 필요한 능력이야"라고 말하는 사람들을 볼 수 있다. 대부분 사람들은 창의력을 아주 특별한 사람만이 가지고 있다고 여기며 자신과 무관한 능력으로 생각하고 있다. 그러나 이는 창의적 사고를 대단하게 생각하는 잘못된 편견이다. 창의적 사고는 누구에게나 있는 능력으로 우리 모두가 일상생활에서 끊임없이 창의적 사고를 계속하고 있다.

창의적 사고는 "당면한 문제를 해결하기 위해 이미 알고 있는 경험과 지식을 해체하여 다시 새로운 정보로 결합함으로써 가치 있고 참신한 아이디어를 만들어내는 사고"이다. 창의적 사고는 발산적(확산적) 사고로서, 아이디어가 많고, 다양하며, 독특한 것을 의미한다. 그러나 무(無)에서 유(有)를 창조해 내는 것이 아니라, 기존 정보(지식, 상상, 개념 등)들을 특정한 요구 조건에 맞거나 유용하도록 새롭게 조합시킨 것이다. 창의적인 사고의 결과물은 유용하고 적절하며, 가치가 있어야 한다.

창의적 사고의 특징을 요약하면,

첫째, 창의적 사고는 창조적인 가능성으로 새롭고 유용한 아이디어를 생산해내는 정신적 과정이다.

둘째, 창의적 사고는 정보와 정보의 조합이다.

셋째, 창의적 사고는 사회나 개인에게 새로운 가치를 창출한다.

상상력이 독창적인 사고능력이라면, 창의성은 적용 가능한 상상력이다. 결국 창의력은 노력으로 완성되며 실천이 가장 중요하다고 할 수 있다. 따라서 '유레카!'는 우연한 발견이 아닌 치열한 고민의 결과로 이해할 수 있다. 창의성 교육은 결국 정답을 가르치는 것이 아니라 정답을 구하는 방법과 과정을 가르치는 것이다.

무엇이 궁금해?

미국의 저명한 물리학자로, 이시도어 아이삭 라비(Isidor Isaac Rabi)라는 사람이 있습니다. 그는 오스트리아에서 출생했지만, 바로 다음 해에 가족과 함께 미국으로 이주해 코넬대학교에서 물리학을 공부했습니다. 그리고 1944년 노벨 물리학상을 받게 되었습니다. 어느 날 한 기자와 인터뷰를 가졌는데 어떻게 이처럼 영향력 있는 과학자가 될 수 있었냐는 질문에 그는 대답했습니다.
"그건 순전히 어머니의 영향 때문이었습니다. 어머니가 저를 과학자로 만들었어요. 학교에서 끝나고 집에 오면 어머니는 항상 오늘은 어떤 것이 궁금한지를 저에게 묻곤 하셨습니다."
무엇에 대해서 궁금해지기 시작하면 생각이 꼬리에 꼬리를 물고 이어지게 됩니다. 어떠한 분야에서 최고의 위치에 오른 사람들의 핵심 자질은 바로 호기심과 창의력입니다.
"무엇이 궁금하니?"
궁금증을 풀고 싶다면 어느 주제에 대한 것이든 호기심이 발동하는 그 순간을 잡아라. 그 순간을 흘려보낸다면 그 욕구는 다시 돌아오지 않을 수 있고 당신은 무지한 채로 남게 될 것이다. - 윌리엄 워트 -

※ 따뜻한 편지 2443호

2. 창의적 인재

창의적 사고는 끊임없이 참신한 아이디어를 산출하는 힘으로 현대인에게 있어서 창의적 사고는 문제해결의 기본적 요소이며 사회생활에서 갖추어야 할 실력이다. 사회에서도 창의적인 사고를 하는 사람들을 찾고 인정하는 경향을 보인다. 창의적 인재란 새로운 아이디어나 문제해결 방법을 찾아내고 실현하는 능력을 갖춘 사람이라고 할 수 있다. 창의적 인재는 다음과 같은 특징이 있다.

(1) 에너지와 휴식 조절을 잘한다

창의적 인재는 열정과 에너지를 가지고 자신의 관심 분야에 몰입하면서도, 적절한 휴식을 통해 자신의 정신과 몸을 회복하고 새로운 영감을 얻는다.

(2) 명석하면서 천진난만하다

창의적 인재는 논리적이고 분석적인 사고를 하면서도 유머 감각이 있고 상상력이 풍부하다. 자신의 지식과 경험을 활용하면서도, 새로운 가능성과 시도를 두려워하지 않는다.

(3) 책임감과 무책임이 혼합되어 있다

창의적 인재는 자신의 목표를 위해 책임감 있게 열심히 노력하면서도, 때로는 규칙이나 관습을 깨고 자유롭게 행동한다. 그들은 자기 일에 대해 진지하지만 즐긴다.

(4) 상상과 현실 사이를 오간다

창의적 인재는 현실을 잘 파악하고 적응한다. 이와 동시에 상상력을 발휘하여 현실을 넘어선 새로운 아이디어나 비전을 제시한다. 그들은 현실에 안주하지 않지만, 상상에만 빠져 있지 않다.

(5) 외향적이면서 내향적이다

창의적 인재는 타인과 소통하고 협력하면서도, 자신의 생각과 감정에 깊이 있는 관심을 가진다. 다른 사람들의 의견이나 감정을 잘 이해하고 공감하고 자신의 독창성이나 독립성도 유지한다.

(6) 겸손하면서 자존심이 강하다

창의적 인재는 자신의 장점이나 성공에 대해 거만하지 않고, 항상 배우고 성장하려는 태도를 지닌다. 또한 자신의 단점이나 실패를 부정하지 않고 자신을 인정하고 개선한다.

(7) 전형적인 성 역할에서 벗어난다

창의적 인재는 성별이나 연령, 직업, 문화 등에 따라 정해진 역할이나 기대에 구애받지 않고, 자신만의 개성이 있다. 그들은 다양한 관점과 가치를 존중하고 수용한다.

(8) 개혁적인 동시에 보수적이다

창의적 인재는 기존의 것에 만족하지 않고, 변화와 혁신을 추구한다. 항상 새로운 것에 대한 호기심과 용기를 가지고, 도전하고 시도한다. 그렇지만 그들은 기존의 것을 완전히 부정하거나 무시하지 않고, 그 가치나 의미를 인식하고 유지한다.

(9) 용기 있고 직관적이다

창의적 인재는 자신의 아이디어나 의견에 대해 확신을 가지고, 두려움과 위험을 극복하며 실현하기 위해 노력한다. 그들은 자신의 지식이나 논리뿐만 아니라, 자신의 직관이나 감각도 신뢰한다.

(10) 놀이를 즐기고 감정 표현이 풍부하다

창의적 인재는 자신의 일 또는 삶을 즐긴다. 그들은 자신의 감정이나 생각을 다양한 방법으로 표현하고, 다른 사람들과도 공유한다.

(11) 순서를 찾고 연관성을 만든다

창의적 인재는 혼란스러운 정보나 상황 가운데도 순서나 패턴을 찾아내고, 그 의미나 목적을 파악한다. 그들은 서로 다른 것들을 연결하거나 조합하여 새로운 관계를 만들어낸다.

(12) 추정에 도전하고 해법을 찾는다

창의적 인재는 기존의 가정이나 관념에 대해 도전하고, 어려운 의문점들을 자문하며 사실을 밝히려 노력한다. 그들은 문제에 도전하기 위해 해법을 찾고, 실험하고, 한계를 초월하고자 한다.

창의적 인재는 결국 스스로 문제를 파악하고 해결해보려는 사람이다. 인간은 문제에 직면했을 때 어떻게 풀어갈 것인가 스스로 고민하는 과정을 통해 창의성을 극대화할 수 있다. 창의적 인재는 타고난 호기심 위에 지식과 탐구력을 갖춰 스스로 깨닫고 그 위에 새로운 지식을 또 쌓는 경지에 도달한다. 재미있는 점은 창의적 인재는 전공뿐만 아니라 취미활동도 활발히 했다는 것이다. 취미를 가꾸면서 마음 편히 도전하고 실패해 볼 수 있기 때문이다. 취미의 계발은 창의성 개발과 마찬가지로 호기심-도전-실패-학습의 과정을 거친다. 나이가 들어도, 주입식 교육을 받은 사람도 연습을 통해 깊은 지식의 토대 위에 창의성을 개발할 수 있다.

3. 창의적 사고의 장애요인

창의적 사고를 방해하거나 저해하는 요인들은 다양하다. 이러한 요인들은 심리적, 인지적, 환경적, 문화적, 감정적 등 다양한 측면에서 나타날 수 있다. 다음과 같은 요인들이 창의적 사고의 장애요인이 될 수 있다.

(1) 편견과 잘못된 사고 습관

선입견이나 고정된 사고 패턴은 새로운 아이디어를 흥미롭게 받아들이지 않거나 무시할 수 있다. 또한 개인의 사고방식을 새롭게 변화시키는 데에 방해 요인이 될 수 있다.

(2) 부정적이고 왜곡된 자아관과 소극적인 자세

부정적이고 왜곡된 자아관이란 자신의 능력이나 가치를 과소평가하거나 과대평가하는 것을 뜻한다. 과소평가하면 자신의 아이디어에 대해 자신감이 없거나 다른 사람의 의견을 수용하지 못하게 되고, 과대평가하면 자신의 아이디어에 대해 고집하거나 다른 사람의 의견을 무시하게 된다. 소극적인 자세란 자신의 의견을 표현하지 않거나 적극적으로 참여하지 않는 것을 의미한다. 이러한 자세도 창의적 사고를 저해하는 요인으로 작용할 수 있다. 왜냐하면, 표현하지 않으면 자신의 아이디어가 발전되거나 피드백을 받을 기회가 없고, 참여하지 않으면 다른 사람의 아이디어에 영향을 받거나 영향을 주지 못하기 때문이다.

(3) 논리적 사고 우선

학교 교육과 일상에서 강조되는 논리적인 사고와 정답 중심의 교육 체계는 창의적 사고를 방해할 수 있다. 이러한 사고는 새로운 아이디어의 시도를 어렵게 하고 실패를 두려워하는 경향을 발생시키기 때문이다.

(4) 과거 경험에 의존

지난 경험에 근거하여 기존의 방식과 패턴을 고수하려는 경향은 새로운 접근법의 적용을 어렵게 하고 새로운 시각 형성을 제한한다.

(5) 두려움과 불안

실패, 비판, 혹은 무관심으로 인한 두려움과 불안감은 창의적 사고를 저해하는 요인 중 하나이다. 새로운 아이디어를 제시하거나 독창적인 방식으로 접근할 때 거부당할까 두려워하면 창의적 사고가 어려워진다.

(6) 시간과 압박

시간이 부족하거나 업무 압박은 창의적 사고를 할 여유를 부족하게 만든다. 창의적 사고는 충분한 시간과 여유로운 상태에서 자유롭게 이루어지는 경우가 많기 때문에 이러한 제약이 창의성을 억제할 수 있다.

(7) 조직환경의 특성

법, 원리, 절차 등을 지나치게 강조하는 조직, 변화를 싫어하는 안정 지향적 풍토, 시간에 쫓겨 서두르는 빨리빨리 풍조 만연, 지나치게 협동이나 경쟁을 강조하는 풍토, 문제의식이 결여되고 경직되고 수직적인 의사소통 통로만 있는 조직환경은 창의적 사고를 어렵게 한다.

창의적 사고의 장애요인을 극복하기 위해서는 자신이 가진 습관과 고정관념을 인식하고 변화시키려는 노력이 필요하다. 또한 창의적 사고를 촉진하는 환경과 문화를 만들고, 다양한 자극과 도전을 받으며, 새로운 시도와 실패를 두려워하지 않는 태도를 보이는 것이 중요하다. 이러한 장애요인을 극복하기 위해서는 개인적인 자기 계발과 학습, 개방적인 태도, 실험적인 접근법 등이 중요하다. 또한 조직 문화에서도 창의성을 존중하고 격려하는 환경을 조성함으로써 창의성이 더욱 발휘될 수 있도록 지원해야 한다.

4. 창의적 사고의 개발

창의적 사고는 문제를 해결하거나 목표를 달성하는 데 필요한 능력으로 새롭고 유용한 아이디어를 생산하는 사고의 과정이다. 창의적 사고를 개발하기 위한 중요한 방법으로는 확산적 사고와 수렴적 사고가 있다. 이 두 가지를 적절하게 조화해야 창의적 사고를 잘 발휘할 수 있다.

(1) 확산적 사고(Divergent Thinking)

① 개념

확산적 사고는 다양한 아이디어를 생성하는 과정으로, 상상력을 발휘하여 가능한 모든 아이디어를 탐색하는 방법이다. 많은 아이디어를 생각해내고 이들을 자유롭게 조합하며, 새로운 아이디어를 발굴하는 과정을 포함한다. 확산적 사고는 많은 아이디어를 생성하는 것에 초점을 둔다. 논리나 제약을 크게 고려하지 않고 자유롭게 상상력을 발휘하여 아이디어를 생산하는 개방적인 사고방식이다.

② 확산적 사고 개발 방법

확산적 사고를 개발하는 대표적인 기법으로는 다음과 같은 방법이 있다.

㉠ 브레인스토밍(Brainstorming): 그룹 혹은 개인적으로 브레인스토밍을 진행하여 자유로운 아이디어 생산을 도모할 수 있다. 제한 없이 가능한 많은 아이디어를 발산하고, 다른 참가자들과 자유로운 아이디어 교류를 통해 창의적인 해결책을 찾아낸다.

㉡ 브레인라이팅(Brainwriting): 브레인스토밍의 한 형태로서, 다수의 참가자들이 아이디어를 공유하고 발전시키는 기법이다. 브레인라이팅은 개인적인 생각과 아이디어를 글로 기록하여 공유하는 방식으로 진행되기 때문에 일반적인 브레인스토밍과는 차이가 있다. 브레인라이팅은 아이디어를 익명으로 공유하기 때문에, 개인적인 의견을 자유롭게 기록하고 다양한 아이

디어를 발산할 수 있다. 이러한 방식으로 다수의 참가자들이 아이디어를 발전시키고 새로운 시각을 얻을 수 있으며, 팀 프로젝트, 제품 개발, 문제해결 등 다양한 상황에 활용할 수 있다.

ⓒ 만드라트법: 확산적 사고를 촉진시키고 아이디어를 시각적으로 정리하는 데 사용되는 기법의 하나다. 마인드맵(Mind Map)을 만드는 과정에서 다양한 아이디어를 연결하고 구조화함으로써 문제해결과 창의적인 사고를 촉진하는 데 도움이 된다. 만드라트법은 개인적인 생각 정리, 아이디어 발전, 프로젝트 계획, 강의 준비, 메모 등 다양한 목적으로 사용될 수 있다. 시각적인 요소를 활용하여 정보를 보기 쉽게 정리하고 구조화하는 것이 특징이다.

ⓔ 스캠퍼(Scamper): 창의적 사고를 촉진하는 기법으로 문제해결이나 아이디어 개발에 활용된다. 스캠퍼는 여러 가지 질문을 통해 기존 아이디어를 다양하게 변형하고 확장함으로써 새로운 아이디어를 발굴한다. 스캠퍼는 미국의 교육자이자 저널리스트인 밥 얼버튼(Bob Eberle)이 개발하였으며, Substitute(대체), Combine(결합), Adapt(응용), Modify(변형), Put to other uses(다른 용도에 사용), Eliminate(제거), Reverse(역전)의 7가지의 변형 방법을 통해 아이디어를 발산하도록 한다. 7개 변형 방법의 앞글자를 모아 스캠퍼라 한다.

(2) 수렴적 사고(Convergent Thinking)

① 개념

수렴적 사고는 다양한 아이디어를 분석하고 선택하여 최적의 해결책을 찾는 과정으로, 다양한 아이디어 중 가장 적합하거나 유용한 아이디어를 선별하는 사고이다. 수렴적 사고는 분석과 선택에 초점을 둔다. 확산적 사고를 통해 생성된 다양한 아이디어 중에서 가장 적절하고 유용한 아이디어를 선별하고 조합하여 최종적인 결론이나 해결책을 도출한다.

② 수렴적 사고 개발 방법

㉠ 하이라이팅(Highlighting): 하이라이팅 기법은 아이디어들을 영역별로 분류한 다음 이러한 영역을 문제해결에 적합한 형태로 재진술하는 기법이다. 발산적 사고를 통해 생성된 아이디어를 평가하는 사고 기법의 하나다. 히트(hit)를 찾아내고, 핫스팟(hotspot) 발견, 핫스팟 분류, 핫스팟 재진술의 과정을 거친다.

㉡ 역브레인스토밍(Reverse Brainstorming): 역브레인스토밍은 주어진 문제를 해결하기 위해 역방향으로 아이디어를 도출하는 기법이다. "어떻게 하면 문제를 악화시킬 수 있을까?"라는 질문을 시작으로 문제가 발생하는 원인이나 잠재적인 문제 상황을 도출하고 이를 해결하는 방안을 모색한다.

㉢ 평가행렬법(Evaluation Matrix Method): 여러 가지 기준에 따라 다양한 옵션들을 평가하고 비교하는 기법이다. 각 옵션들을 가로축과 세로축으로 나눈 행렬을 만들어서 각 기준에 따라 옵션들을 점수화하고 비교한다. 이를 통해 객관적으로 옵션들을 평가하여 가장 적합한 방법을 선택한다.

㉣ 쌍비교법(Paired Comparison Method): 쌍비교법은 여러 가지 항목들을 각각의 쌍(pair)으로 두 개씩 선택하여 두 항목을 비교하는 기법이다. 각 쌍마다 우선순위를 정하여 더 좋은 항목을 선택하고 순위를 매긴다. 이렇게 모든 쌍의 비교가 완료되면, 순위를 매기는 데 사용되는 비교 결과(점수)를 토대로 전체 항목들의 상대적인 우선순위를 결정한다.

이러한 기법들은 문제해결, 아이디어 발전, 프로젝트 관리, 의사결정 등 다양한 상황에 사용할 수 있으며, 창의적인 사고 개발과 문제해결에 유용한 도구들이다. 각각의 기법은 특정한 목적에 따라 적합한 상황에서 적절하게 활용해야 한다.

5. 창의적 사고 개발 기법의 활용

(1) 브레인스토밍

미국의 한 광고회사 부사장이던 알렉스 오즈번(Alex F. Osborn)이 개발한 기법으로 머리에 회오리바람(Storming)을 일으킨다는 의미이다. 사고의 제한 없이 자유롭게 아이디어를 내는 방법으로 창의적인 사고 발산 방법 중 가장 흔히 사용되는 방법이다.

① 브레인스토밍의 기본 규칙

㉠ 비판엄금: 어떤 아이디어도 비판하지 않는다.

㉡ 자유발상: 허황되고 비현실적이더라도 모두 표현한다.

㉢ 다다익선: 아이디어는 많을수록 좋다.

㉣ 편승활용(결합과 개선): 다른 사람들의 아이디어를 수정, 확장, 결합하여 새로운 아이디어를 산출한다.

② 브레인스토밍의 진행 순서

㉠ 집단 구성하기: 적절한 인원은 5~10명 정도이다. 서로 잘 보일 수 있는 자리에 배치한다.

㉡ 리더와 기록자 정하기

㉢ 워밍업하기: 기본 규칙과 진행 방법을 정하고 공유한다. 간단한 연습문제를 가지고 브레인스토밍 해본다.

㉣ 아이디어 산출하기: 누구나, 자유롭게 모두가 발언하도록 하고 모든 발언은 기록지에 기록한다.

㉤ 아이디어 평가하기: 다양한 방식으로 도출된 아이디어를 평가한다.

㉥ 아이디어 선정하기: 가장 실현 가능성이 높으면서 새롭고 기발한 아이디어를 선정한다.

㉦ 문제해결: 주제와 문제에 대한 해결책을 구체화하고 정교화한다.

브레인스토밍 기법의 성공 여부는 리더의 책임이 크다. 리더는 자유로운 분위기 속에서 특정인의 의견대로 의견이 흘러가지 않도록 이끌어야 하고, 전원이 참여하여 아이디어를 낼 수 있도록 배려와 조정의 능력을 발휘해야 한다. 토의 주제는 가능한 구체적이어야 하고 회의 며칠 전에는 주제를 공유하여 참가자들이 미리 아이디어를 고민해올 수 있도록 하는 것이 좋다.

③ 브레인스토밍 장단점

㉠ 장점

- 주제에 제한이 없고 실행이 용이하다.
- 질보다 양에 초점을 맞추기에 때문에 많은 아이디어를 얻을 수 있다.
- 이 과정 속에서 개선, 수정, 조합된 다양한 의견이 나올 수 있다.
- 비판을 자제하고 받아들이는 분위기 속에서 진행되어 비교적 자유롭게 의견을 말할 수 있다.

㉡ 단점

- 동기 없는 참가자는 시간을 낭비하는 등 효율성이 떨어질 수 있다.

- 다른 참가자의 노력에 무임승차할 우려가 있다.
- 집단수준에서 의사결정이 이루어지기 쉬우므로 의견을 낸 사람도 보상이 부적절하다고 불평할 소지가 있다.
- 다른 이들의 부정적 평가가 두려워 스스로 의견을 왜곡할 수 있다.
- 결론에 대해서도 비판을 보류하거나 다수의 의견에 끌려가는 현상이 발생할 수 있다.
- 권위적이거나 강요와 압력을 행사하는 사람이 있다면 그가 원하는 방식으로 결론이 도출될 위험이 있다.

(2) 만다라트법

일본의 디자이너 이마이즈미 히로아키가 1987년 창안한 발상 기법으로 만다라트는 본질을 뜻하는 만달(Mandal)+소유를 뜻하는 라(Ra)+기술을 의미하는 아트(Art)가 합성된 말이다. '목적을 달성하는 기술 혹은 틀'이라는 뜻을 가진 아이디어 발상 기법으로 이 기법은 대개 목표를 계획하거나 아이디어를 구체화할 때 활용한다. 먼저 가장 큰 주제를 세우고, 이에 대한 해결점, 아이디어를 확산시켜 나가는 방법이다.

아이디어를 방사형으로 자유롭게 발상하기 위해 기본 가로 3칸, 세로 3칸으로 매트릭스(matrix)를 만들어 중앙 블록에 해결해야 할 문제(주제)를 적고, 문제와 관련되어 연상되는 아이디어를 자유롭게 주변의 8개 블록에 적어나간다. 주로 사용되는 틀은 3×3 만다라트와 5×5 만다라트이다. 사용이 쉽고, 여러 아이디어를 한 번에 볼 수 있으므로 원하는 아이디어를 얻을 때까지 만다라트를 반복하여 새로운 아이디어를 쉽게 낼 수 있다.

- 진행절차

① 만다라트 중앙 블록에 주제를 결정해서 적는다.
② 주변 블록에 주제(문제)와 관련해서 연상되는 아이디어를 채운다.
③ 작성된 아이디어 중에서 새로운 주제(원인)를 골라 다시 새로운 만다라트를 작성한다.
④ 새롭게 작성된 만다라트가 완성되면 계속 같은 방법으로 새로운 아이디어를 얻기 위해 반복한다.

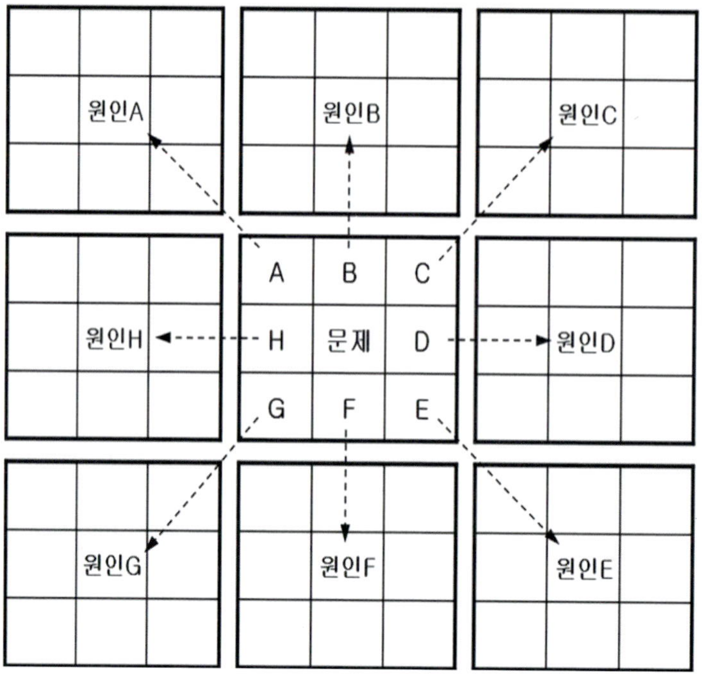

(3) 평가행렬법(evaluation matrix)

아이디어를 준거에 따라 좀 더 체계적으로 평가하기 위해 사용하는 기법으로 여러 가지 아이디어를 세로축에 나열하고, 평가 준거를 가로축에 적은 평가행렬표를 작성하여 각 아이디어를 체계적으로 평가하는 기법이다.

① 평가행렬법(evaluation matrix) 진행절차

㉠ 행렬표 준비: 행렬표의 왼쪽(세로)에는 평가하고자 하는 아이디어를 쓰고 오른쪽(가로)에는 아이디어를 평가할 때 사용되는 준거를 적는다.

㉡ 행렬표 완성: 준거에 따른 평정 체제를 정해서 각 아이디어에 대한 평가를 행렬표에 기록한다.

㉢ 결과 해석: 행렬표의 결과를 보고 각 아이디어가 어떤 점에서 긍정적이고 어떤 점이 부정적인지를 해석하여 아이디어의 강점을 부각하고 약점을 보강하여 최선의 아이디어를 찾아낸다.

② 평가행렬법의 예

창의적 공학설계

평가행렬법 예

■ 주제 : 학교 공부를 보다 능률적으로 할 수 있는 방법

평가준거 / 아이디어	학습	건강	인성	환경	총계
점심식사 후에 30분간 수면 시간을 준다.	8	10	9	6	33
남학생과 여학생이 짝이 되어 앉는다.	7	8	10	9	34
능력별 이동수업을 실시한다.	10	7	7	7	31
잘하는 학생과 못하는 학생을 짝지어 서로 가르쳐 주도록 한다.	9	6	6	8	29
수업시간을 10분 단축한다.	6	9	8	5	28
교실 벽면을 다시 칠한다.	5	5	5	10	25

워크시트 1

'도시 교통 체증 해결하기' 문제에 대해 다음의 기준을 선택 활용하여 아이디어를 개발해봅시다. 개발한 아이디어 가운데 가장 흥미로운 아이디어를 선택하고 실행 계획을 세워보세요. 구체적인 단계를 생각해보며 실제로 적용해보는 방법을 계획해봅시다.

문제 상황: "도시 교통 체증 해결하기"

관통적 사고

① 운전자의 관점에서 도시 교통 체증을 어떻게 생각할까요?

② 대중교통을 이용하는 사람은 이 문제를 어떻게 해결하려고 할까요?

비슷한 상황 비교

① 비슷한 교통 문제가 다른 도시에서 어떻게 다뤄졌는지 조사해보세요.

② 그 도시에서 사용한 해결책을 이 문제에 적용할 수 있을까요?

역발상

① 교통 체증을 늘리는 방법은 무엇일까요? 이를 바탕으로 해결책을 찾아보세요.

② 교통 체증이 전혀 없는 상황에서 어떤 문제가 생길 수 있을까요?

아이디어 브레인스토밍

자율주행차량 활용, 대중교통 확장 및 효율화, 유동적인 교통 제어 시스템 도입, 재택근무 및 유연한 근무 시간 도입, 도시 곳곳에 자전거 도로 및 보행자 공간 조성 등

외부 자극 활용

① 도시 교통 관련 사진, 그림, 도면 등을 살펴보며 아이디어를 떠올려보세요.

② 다른 도시의 교통 체증 관련 이야기를 들으면서 영감을 받아보세요.

시뮬레이션 및 실험

① 자율주행차량이 도시 교통에 어떤 영향을 미칠지 시뮬레이션해보세요.

② 대중교통 확장 계획을 가정하여 어떤 결과가 나올지 상상해보세요.

인터뷰 및 토론:

① 주변 사람들과 도시 교통 체증에 관해 이야기해보세요.

② 다양한 사람들의 의견을 수집하여 새로운 아이디어를 찾아보세요.

결정과 실행:

워크시트 2

창업아이디어 개발, 자기계발 계획수립, 우리나라 환경문제해결에 대한 주제 중 하나를 선택하고 만드라트법을 활용하여 문제해결 방법을 제시해보세요.

❐ 학습목표

1. 비판적 사고의 개념을 설명할 수 있다.
2. 비판적 사고의 개발 태도에 대해 설명할 수 있다.
3. 비판적 사고 개발 방법에 대하여 설명할 수 있다.
4. 비판적 사고를 삶과 문제해결에 적용할 수 있다.

CHAPTER

07 비판적 사고와 비판적 사고 개발

1. 비판적 사고의 개념

비판적 사고란 어떤 주제나 주장 등에 대해 적극적으로 분석하고 종합하며 평가하는 능동적인 사고이다. 이러한 비판적 사고는 어떤 논증, 추론, 증거, 가치를 표현한 사례를 타당한 것으로 수용할 것인가 아니면 불합리한 것으로 거절할 것인가에 대한 결정을 내릴 때 필요한 사고력이다. 비판적 사고는 타인의 진술이나 기타 표현에 관한 판단을 위해서뿐만 아니라 자신의 사고 과정에도 적용하는 것이다. 자신의 사고 과정에 대해 비판적 사고를 적용한다는 것은 곧 자신의 사고에 대한 자기 규제적인 평가를 의미한다. 반드시 알아야 할 것은 다른 사람을 비난하는 것을 비판적 사고라고 혼동해서는 안 된다는 것이다.

비판적 사고는 단순히 정보를 축적하는 것이 필요한 사고가 아니다. 기억력이 좋고 지식이 많다고 반드시 비판적 사고에 능숙한 것은 아니다. 비판적 사고를 하는 사람은 자신이 알고 있는 결과를 추론할 수 있으며 문제를 해결하기 위해 정보를 활용하고 관련된 정보 출처를 찾는 방법을 알기 때문에 논리적 오류가 적다.

오류와 옳지 않은 추론을 찾는 데 비판적 사고의 기술을 활용할 수 있지만, 비판적 사고는 지식을 습득하고, 이론을 개선하며, 논증을 강화하는 데 도움이 되기 때문에 협력적인 추론과 건설적인 과업에서도 중요한 역할을 한다. 즉, 비판적 사고는 제기된 주장에 어떤 오류나 잘못이 있는가를 찾아내기 위하여 지엽적(枝葉的)인 부분을 확대하여 문제로 삼는 것이 아니라 지식, 정보를 바탕으로 합당한 근거에 기초를 두고 분석하고 판단하는 사고이다. 따라서 비판적 사고를 발전시키는 것은 학업에서는 더 깊이 있는 학습과 문제해결 능력의 향상에 도움을 주며, 일상생활에서는 올바른 판단과 의사결정에 도움을 준다. 또한 사회적 관계에서도 서로 다른 의견을 이해하고 존중하는 데 기여하여 긍정적인 영향을 미친다. 따라서 비판적 사고는 학습과 성장을 위해 항상 갖추어야 할 능력이고 문제해결을 위한 중요한 능력이다. 비판적 사고를 사용하면 업무 과정과 사회 제도를 개선할 수 있다.

2. 비판적 사고의 시작

- 문제나 주제가 무엇인가?
- 나는 어떤 결론이나 주장을 하고 싶은가?
- 그 결론이나 주장을 뒷받침하는 근거나 이유는 무엇인가?
- 그 근거나 이유에 대한 출처나 신뢰도는 어떠한가?
- 내가 가지고 있는 편향이나 가정은 무엇인가?
- 다른 관점이나 대안은 무엇인가?
- 나의 결론이나 주장에 반대하는 근거나 이유는 무엇인가?
- 나의 결론이나 주장의 한계나 약점은 무엇인가?

이러한 질문들은 비판적 사고의 기본적인 과정을 돕는 도구로 사용할 수 있다. 비판적 사고란 서로 연관된 일련의 비판적 질문을 알고, 적절한 시점에 그 질문을 하고, 그 질문에 답하는 능력과 의지로 구성된다. 비판적 사고를 개발하기 위해서는 정보를 수동적으로 받아들여서는 안 되고, 적극적으로 분석하고 평가하며, 최선의 결론이나 해결책을 찾아내기 위해 다양한 활동을 통해 연습하고 훈련하는 것이 필요하다. 비판적 사고를 잘하는 사람은 자신의 판단과 행동에 책임감을 느끼며, 다양한 상황에 적응하고 협력할 수 있는 역량이 있다.

(1) 비판적 사고의 개발 태도

비판적 사고의 개발 태도란 비판적 사고를 하기 위해 필요한 마음가짐이나 성향을 의미한다. 비판적 사고를 위한 태도는 비판적 사고 개발을 위한 필수 조건으로 다음과 같은 태도가 요구된다.

① 지적 호기심

새로운 지식이나 정보에 관해 관심을 두고 탐구하려는 태도이다. 지적 호기심은 문제 의식을 가지고 새로운 발견을 하는 데 도움이 된다. 지적 호기심이 있는 사람들은 다음과 같은 특징을 가지고 있다.

- 진지한 질문: 지적 호기심을 가진 사람들은 진지하게 질문을 던지며 주제나 문제에 관해 깊이 탐구하려고 한다. '왜?', '어떻게?', '무엇 때문에?'와 같은 질문을 자주 사용한다.

- 새로운 정보와 지식 탐색: 지적 호기심이 있는 사람들은 새로운 정보와 지식을 탐색하고자 한다. 독서, 연구, 인터넷 검색 등을 통해 다양한 주제에 대해 지식을 쌓는다.
- 다양한 분야에 관심: 한 가지 분야에만 국한되지 않고 다양한 분야에 관심을 가지며 학습한다. 이러한 다양한 지식을 통해 문제를 더 통찰력 있게 바라볼 수 있다.
- 문제해결에 집중: 지적 호기심은 문제해결에 집중하고자 하는 의지를 강하게 한다. 주어진 상황에서 왜 그런 결과가 나왔는지를 탐구하고, 더 나은 해결책을 찾기 위해 노력한다.
- 오류와 결함을 발견: 지적 호기심은 오류와 결함을 찾아내려는 의지를 촉진한다. 자신의 생각과 주장을 비판적으로 바라보고 개선한다.
- 유연한 사고: 새로운 아이디어나 관점을 수용하는 유연한 사고를 촉진한다. 지적 호기심은 새로운 것에 개방적이고 적응력이 높은 태도를 갖게 한다.

② 객관성

자신의 주관이나 편견에 영향받지 않고, 사실과 근거에 기반하여 판단하려는 태도이다. 객관성은 자기 생각이나 결론을 검증하고 수정하는 데 도움이 된다. 주관적인 감정이나 개인적인 의견으로 인해 판단이 왜곡되지 않도록 노력하는 것이 중요하다.

③ 개방성

다른 사람의 의견이나 관점을 존중하고 수용하려는 태도이다. 개방성은 다양한 대안이나 해결책을 고려하고 비교하는 데 도움이 된다. 개방성은 새로운 아이디어와 관점을 받아들이고 탐구하는 태도이다. 기존의 믿음에 집착하지 않고, 새로운 정보와 견해에 개방적으로 접근하여 자신의 지식을 확장하려는 의지가 필요하다.

④ 융통성

상황이나 조건에 따라 자기 생각이나 행동을 적절하게 변화시키려는 태도이다. 융통성은 문제에 대처할 때 창의적이고 유연하게 대응하는 데 도움이 된다. 융통성은 새로운 상황이나 정보에 적응하고, 다양한 해결책을 고려하는 태도이다. 주어진 문제에 대해 단 하나의 고정된 해결책에만 집착하지 않고, 다양한 방법과 접근법을 생각하는 능력이 필요하다.

⑤ 지적 회의성

주어진 정보나 주장에 대해 무조건적으로 받아들이지 않고, 의심하고 분석하려는 태도이다. 지적 회의성은 정보의 신뢰도나 타당성을 판단하고 오류나 편향을 발견하는 데 도움이 된다. 지적 회의성은 끊임없이 질문하고 탐구하려는 태도로 지적 회의성을 가진 사람은 호기심을 갖고 새로운 지식을 탐색하고, 주어진 정보에 관해 깊이 탐구한다. 지적 회의성은 새로운 정보와 지식을 습득하고 자신의 지식을 확장하는 데 도움을 주고 주어진 문제를 다양한 관점으로 분석하고 해결책을 제시할 수 있다.

⑥ 지적 정직성

자기 생각이나 행동에 대해 솔직하고 책임감 있게 인정하려는 태도이다. 지적 정직성은 자신의 한계나 약점을 인식하고 개선하는 데 도움이 된다. 지적 정직성은 자기 반성과 자기 평가를 솔직하게 수행하는 태도로, 지적 정직성을 가진 사람은 자신의 믿음과 주장을 공정하게 평가하고, 편견이나 선입견을 인정하는 능력이 있다. 지적 정직성을 가진 사람은 자기 생각과 판단에 대해 비판적으로 접근하며, 오류와 결함을 인정하고 개선하기 위해 노력한다. 이와 같은 지적 정직성은 학습과 성장을 위해 필요한 요소이다.

⑦ 체계성

문제를 해결하는 데 필요한 절차나 방법을 체계적으로 수립하고 실행하려는 태도이다. 체계성은 문제를 구조화하고 분류하며, 해결 과정을 명확하게 추적하는 데 도움이 된다. 체계성을 갖춘 사람들은 무작위로 정보를 받아들이지 않고, 정보를 분석하고 조직하여 더 효과적으로 문제를 해결하고 의사결정을 내린다. 체계성을 갖춘 사람들은 다음과 같은 특징이 있다.

㉠ 정보의 구조화: 체계적 사고자는 주어진 정보를 구조화하고 조직하는 능력이 뛰어나다. 주요 개념과 세부 사항들을 구분하여 정리하여 복잡한 문제를 더욱 명확하게 이해한다.

㉡ 논리적 추론: 체계적 사고자는 논리적인 순서로 문제를 분석하고 판단한다. 사실과 가설을 분석하고 논리적으로 추론하여 결론을 도출하는 데 능숙하다.

㉢ 시간 관리: 체계적 사고자는 시간을 효과적으로 관리하며, 문제해결에 필요한 단계들을 계획적으로 수행한다. 급한 상황에도 빠르고 효과적으로 대

처할 수 있다.

㉣ 목표 지향적: 체계적 사고자는 목표를 설정하고 그 목표를 달성하기 위한 체계적인 방법을 따른다.

㉤ 자기조절 능력: 체계성을 갖춘 사람들은 자기조절 능력이 뛰어나다. 주어진 작업에 집중하고, 객관적으로 자신을 평가하며, 개선하려는 의지가 있다.

⑧ 지속성

문제를 해결하는 데 필요한 시간과 노력을 기울이려는 태도이다. 지속성은 문제에 대해 깊이 있게 고민하고, 어려움에 굴하지 않으며, 목표를 달성하는 데 도움이 된다. 지속성을 갖춘 사람들은 어려운 문제에 직면해도 포기하지 않고 지속해서 해결책을 찾기 위해 끝까지 노력한다. 지속성을 가진 사람들의 특징은 다음과 같다.

㉠ 열정과 헌신: 지속성을 갖춘 사람들은 주어진 일에 열정을 가지고 헌신한다. 목표 달성과 이를 위한 어려움을 극복하기 위해 노력한다.

㉡ 오류와 실패에 대한 태도: 지속성을 가진 사람들은 오류와 실패를 자신의 발전과 성장을 위한 기회로 바라본다. 실패를 겪어도 도전을 포기하지 않으며, 자신의 오류를 인정하고 개선하려는 의지가 있다.

⑨ 결단성

문제를 해결하는 데 필요한 결정을 신속하게 하려는 태도이다. 결단성은 문제에 대해 확실한 입장을 가지고, 효과적인 조처를 하는 데 도움이 된다. 결단성은 비판적 사고를 발전시키는 데 중요한 태도로, 결단성을 갖춘 사람들은 어려운 상황에서도 주저하지 않고 결정을 내리며, 선택한 방향으로 진취적으로 행동하려는 의지를 갖고 있다. 결단성을 가진 사람들의 특징은 다음과 같다.

㉠ 단호한 결정: 결단성을 가진 사람들은 어려운 결정을 주저하지 않고 단호하게 내린다. 주어진 상황에서 필요한 판단과 결정을 적절히 하여 자신의 의견을 확고히 한다.

㉡ 행동과 실행: 결단성을 가진 사람들은 결정을 내린 후에도 적극적으로 행동하려는 의지가 있다. 선택한 방향으로 실행하고 결과를 끌어내기 위해 노력한다.

㉢ 자기 확신: 결단성을 가진 사람들은 자신의 판단과 결정에 확신을 하고, 자신의 능력과 판단을 믿으며, 주저하지 않고 행동한다.

㉣ 리더십: 결단성을 갖춘 사람들은 주도적으로 행동하며 리더십을 발휘한다.

(2) 문제의식 갖기

문제의식은 상식이나 일상적인 세계에 의해 숨겨지거나 무시되는 상황이나 사건의 문제적 측면을 인식하는 능력이다. 문제의식은 지배적이거나 통념적인 견해에 속거나 조종당하지 않고 독립적이고 합리적인 판단력을 키우는 데 도움이 되므로 비판적 사고에 필수적이다. 또한 다양한 관점과 가능성을 탐색하고 새로운 해결책이나 대안을 찾도록 돕기 때문에 호기심과 창의력을 자극한다.

비판적인 사고를 위해서 가장 먼저 필요한 것이 바로 문제의식이다. 문제의식이란 어떤 현상에 대하여 문제가 있다고 보고 그에 적극적으로 대처하려는 태도이다. 자신을 둘러싸고 있는 환경에 무언가 변화는 없는지 끊임없이 주위를 살피는 것을 말하며, 목표와 현실 사이의 차이를 객관화시킨다. 문제의식이 없으면 위기의식도 있을 수 없으며, 또 위기의식이 있어야만 책임의식이 생기므로 문제해결을 위한 비판적 사고 개발을 위해서 문제의식은 필수 요소이다. 비판적 사고를 습관화시키고 싶다면 평소에 문제의식을 환기할 수 있도록 주위를 세심하게 살펴야 한다.

(3) 고정관념 타파

고정관념은 과거의 경험이나 지식에 근거하여 현재 상황이나 문제를 평가하고 판단하는 데 영향을 미치는 사고의 틀이다. 이는 사물이나 현상을 한정적이고 편향적으로 보게 하며, 창의적이고 비판적인 사고를 방해한다. 자신이 가지고 있는 편견이나 선입견을 깨야 새로운 관점이나 가능성을 가질 수 있으므로 비판적 사고를 개발하기 위해서는 고정관념을 타파하는 것이 중요하다.

고정관념을 타파해야 하는 이유는 다음과 같다.

① 새로운 시각의 개방

고정관념에 사로잡혀 있으면 새로운 시각과 관점을 받아들이기 어렵다. 비판적인 사고를 발전시키기 위해서는 새로운 아이디어와 다양한 시각을 받아들이는 능력이 필요하므로 이를 위해서는 고정된 사고의 틀을 깨야 한다.

② 무의식적 영향 제거

고정관념은 자신의 무의식적인 영향을 크게 받고, 이는 무의식적으로 과거의 경험이나 믿음에 따라 판단하고 행동하는 결과를 초래한다. 고정관념을 타파해야 더욱 객관적이고 근거 있는 판단이 가능해진다.

③ 지식의 확장

고정관념에 사로잡혀 있으면 새로운 지식의 확장이 어렵다. 비판적인 사고를 위해서는 새로운 지식과 정보를 습득하고 이를 기존의 지식과 융합하는 능력이 필요하다.

고정관념을 타파하는 방법에는 다음과 같은 것들이 있다.

㉠ 다양한 정보와 지식을 습득하고, 다른 문화나 관점에 대해 배우고 이해하려고 노력한다. 이를 통해 자신의 시각을 넓히고, 다른 사람의 의견에도 귀 기울일 수 있다.

㉡ 자신의 생각이나 판단에 대해 항상 의심하고, 근거나 논리를 검증하려고 노력한다. 이를 통해 자신의 오류나 편견을 인식하고, 수정할 수 있다.

㉢ 문제를 해결할 때, 기존의 방식이나 해답에만 의존하지 않고, 새로운 방법이나 해답을 찾아보려고 노력한다. 이를 통해 융통성과 창의성을 키울 수 있으며 이는 고정관념을 타파하는 데 도움이 된다.

3. 비판적 사고의 개발

비판적 사고를 개발하기 위해서는 문제의식을 가지고 항상 의문과 질문을 제기하며 논리적으로 사고하기 위해 연습하고 지속해서 자기 계발을 해야 한다. 또한 다양한 관점을 존중할 필요가 있다.

(1) 5 WHY 기법

5 WHY 기법은 문제의 근본 원인을 파악하기 위해 사용하는 간단하면서도 효과적인 도구이다. 문제의 현상에 대해 '왜?'라는 질문을 반복적으로 던지면서, 그 답변이 다시 다른 '왜?'의 질문이 되도록 한다. 이렇게 5번 정도 '왜?'를 묻고 답하면, 문제의 본질적인 원인에 도달할 수 있다.

① 5 WHY 기법의 진행방법

㉠ 문제 정의: 우선 문제가 발생한 상황이나 사건을 명확하게 정의한다. 무엇이 문제인지, 어떤 부분이 잘못되었는지 등을 명확히 이해한다.

㉡ 왜라는 질문: 문제의 근본 원인을 파악하기 위해 '왜'라는 질문을 던진다. 발생한 문제에 대해 "왜 이런 일이 발생했나요?"라는 질문을 해본다.

㉢ 답변 분석: 이때 얻은 답변을 분석한다. 이유를 분명하게 파악하고, 그 원인이 문제와 어떤 관련이 있는지 확인한다.

㉣ 재차 '왜'라는 질문: 이유를 찾았으면, 그 원인에 대해 다시 한번 '왜'라는 질문을 한다. 이때 얻은 답변은 이전에 얻은 원인과 관련이 있을 수도 있고, 다른 새로운 원인일 수도 있다.

㉤ 반복: 이렇게 계속해서 '왜'라는 질문을 반복적으로 던져가며 근본적인 원인을 찾는다. 일반적으로 5번 정도의 질문을 하면 문제의 근본 원인에 접근할 수 있다.

5 WHY 기법은 간단하지만, 문제의 근본 원인을 파악하는 데 매우 효과적이다. 종종 문제가 표면적으로만 해결되어 재발할 수 있는데, 5 WHY 기법을 사용하면 이러한 문제를 더 근본적으로 해결할 수 있다. 이 기법은 품질 관리, 문제해결, 결함 분석 등 다양한 분야에서 널리 활용되고 있다. 하지만 잘못된 가정이나 추론에 기반한 '왜?'를 묻거나 답하면, 오히려 문제를 복잡하게 만들 수도 있다. 따라서 5 WHY 기법을 적용할 때는 정확하고 객관적인 정보와 지식을 바탕으로 하고, 다양한 관점과 의견을 고려해야 한다.

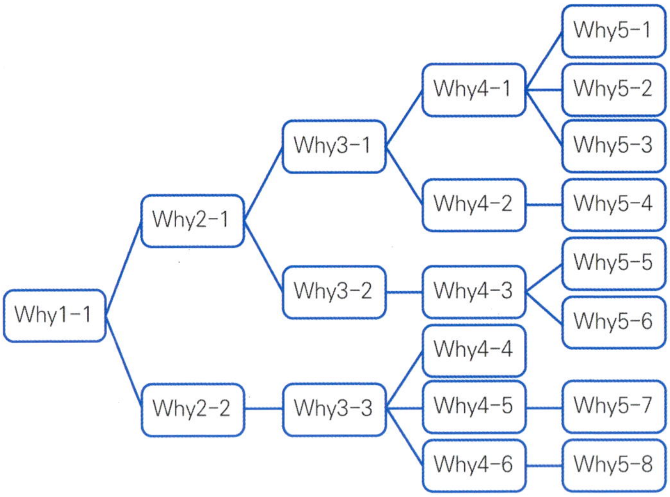

② 5 WHY 기법의 사례: 미국 제퍼슨 기념관의 벽 부식

미국 제퍼슨 기념관이 다른 건물에 비해 유독 벽의 부식이 심해서 문제해결을 위해 다음의 질문을 하고 답을 얻었다고 한다.

- 왜 부식이 심하지? ⇒ 청소를 너무 자주해서
- 왜 청소를 자주 할까? ⇒ 비둘기 배설물이 많기 때문
- 왜 비둘기 배설물이 많을까? ⇒ 거미가 많아 비둘기가 많이 몰렸기 때문
- 왜 거미가 많을까? ⇒ 나방이 많아서 거미가 많이 몰렸기 때문
- 왜 나방이 많을까? ⇒ 제퍼슨 기념관의 조명이 다른 건물에 비해 많고 오랜 시간을 비추기 때문

이렇게 5번의 '왜?'를 통해, 문제의 근본적인 원인은 '다른 건물에 비해 조명이 많고 오랜 시간 비추기 때문'이라는 것을 알 수 있다. 이제 이 원인을 해결하기 위한 대책을 세우면, 문제를 근본적으로 예방하거나 개선할 수 있는 것이다.

(2) 토의법

상반되는 두 가지 의견을 토론하는 집단의사결정 기법이다. 두 가지 상반되는 제안들에 관한 토론을 통해 반대가 있어야 발전이 있다는 근거에서 기인한다. 이 방법은 의사결정에 참여한 집단 구성원들을 두 편으로 나누어 찬성과 반대의견을 토론하고, 토론을 통해 상반되는 제안들 사이의 장단점을 모두 균형적으로 파악할 수 있게 해준다는 점이 핵심이다.

① 토의법 진행방식

㉠ 구성원들을 두 편으로 나눈다.

㉡ 한쪽이 먼저 의견을 제시하면 반대쪽에서 그 반대되는 대안을 제시한다.

㉢ 이러한 방식의 토론을 반복한다. 상대방 의견의 장단점과 근거를 파악한다.

㉣ 토론 과정에서 살아남은 대안들만 취합하여 최종안으로 결정한다.

② 토의법 효과

㉠ 참가자 중심의 진행방법으로, 주체성과 자발성을 높인다.

㉡ 집단결정으로서 결론이 수용되기 쉽다.

ⓒ 문제의식을 높이고, 자기계발에 대한 동기부여가 가능하다.
ⓔ 지식의 습득만이 아니라 태도 변화를 촉진한다.

③ 토의법 사례

예를 들어 '탈원전 찬반, 안락사 찬반' 등의 주제를 주면, 각자 찬반의 입장을 정리하고 서로 입장에 대해 주장한다. 이후 상대방의 주장에 대해 논리적 결함 또는 근거의 모순점을 반박한다. 이러한 과정 속에서 두 입장을 절충할 수 있는 최종 대안이 나올 수 있는데 최종적으로 나왔던 주장과 근거들을 정리하고 이를 수렴할 수 있는 결론을 도출하는 것이다.

(3) 악마의 주장법

악마의 주장법이란, 집단 의사결정이나 토론에서 이미 제시된 의견이나 안에 대해 반대하는 입장을 취하고, 그에 대한 비판과 반박을 제시하는 방법이다. 이 방법은 천주교에서 성인을 추대할 때, 그 후보자에 대한 반대 증거를 찾아내는 사람을 '악마의 대변인(devil's advocate)'이라고 부른 것에서 유래한다. 악마 주장법의 목적은 집단 내의 동조화나 편향을 방지하고, 문제점이나 위험성을 미리 파악하여 더 나은 결론이나 대안을 찾기 위한 것이다. 악마의 주장법을 적용할 때는 다음과 같은 원칙들을 지켜야 한다.

① 사람이 아니라, 아이디어를 공격한다. 논쟁에서 인신공격은 결코 도움이 되지 않는다.
② 견고한 논리와 이유에 기반한다. 악마의 대변인은 단순히 시비를 걸거나 부정적인 태도를 취하는 게 아니라, 실증적 자료나 객관적 근거를 통해 반론을 제시해야 한다.
③ 새로운 대안을 함께 제시한다. 파괴적인 역할만 취하는 게 아니라, 생산적인 역할도 해야 한다. 그러므로 기존의 안에 문제가 있다면, 그보다 더 나은 안을 제안하거나 보완할 수 있어야 한다.
④ 개인이 아니라 팀에 헌신한다. 악마의 주장법은 집단의 의사결정 품질을 높이기 위한 수단일 뿐이다. 그러므로 자신의 의견을 강요하거나 다른 사람들과 갈등을 야기하는 것은 지양해야 한다.

⑤ 악마의 주장법은 필요할 때만 사용해야 한다. 너무 많이 사용하면 오히려 집단 내의 분위기를 해치거나 의사결정을 지연시킬 수 있다.
⑥ 악마의 주장법은 역할일 뿐이다. 자신이 맡은 역할에 너무 몰입하거나 고정되어서는 안 된다. 상황에 따라 다른 입장이나 관점도 고려하고 수용할 수 있어야 한다.

악마의 주장법은 비판적 사고와 창의적 문제해결에 도움이 된다. 그러나 잘못 사용하면 오히려 집단 내의 갈등이나 혼란을 초래할 수 있으므로 유의해야 한다.

악마의 주장법 진행방식

㉠ 집단 의사결정이나 토론에서 이미 제시된 의견이나 안에 대해 반대하는 입장을 취할 사람을 공식적으로 지명하고 악마의 대변인이라고 부른다.
㉡ 악마의 대변인은 제시된 의견이나 안의 약점이나 단점, 문제점이나 위험성, 오류나 편견 등을 찾아내고, 그에 대한 비판과 반박을 제시한다. 이때, 논리적이고 타당한 이유를 들어야 한다.
㉢ 다른 구성원들은 악마의 대변인 주장에 대해 경청하고 존중하며, 그에 대한 반응이나 의견을 나눈다. 이때, 인신공격이나 감정적인 반응은 피하고, 객관적이고 합리적인 태도를 유지해야 한다.
㉣ 집단은 악마의 대변인 주장과 다른 구성원들의 의견을 종합하여, 최종적인 결론이나 대안을 도출한다. 이때, 다수결이 아니라 합의를 통해 결정해야 한다.

워크시트 1

다음 기사를 비판적으로 읽고 문제해결방법을 제시해보자.

> 호주에 사는 15세 소년 카이 그로버 보일의 취미는 바로 상어낚시이다. 별다른 장비 없이 낚싯대 하나로 집 근처 바닷가에서 올해에만 뱀상어를 64마리 잡았다. 이 중 가장 큰 상어는 3.7m에 달한 것으로 전해졌다. 카이는 자신이 잡은 상어와 함께 사진을 찍어 SNS에 올리고 있다. 기념 촬영이 끝난 뒤에는 곧바로 상어를 바다로 돌려보낸다.
>
> 카이는 '상어를 즉시 방생하는 것이 나의 철칙'이라며 '단 한 마리의 상어도 다치거나 죽는 것을 원하지 않기 때문'이라고 말했다. 한편 카이는 최근 온몸이 낚싯줄에 감겨 피부 조직이 괴사한 상어 한 마리를 잡아 직접 줄을 풀어주고 의사에게 보내기도 했다.
>
> ※소년조선일보(2017.6.6.), 기사 일부 발췌

1. 기사가 전하고자 하는 바는 무엇일까?

2. 소년은 상어 64마리를 잡고 풀어주었다. 무엇이 문제일까?

3. 소년이 상어를 살려준 행동을 칭찬해야 할까? 아니면 상어를 포획한 행동을 제지해야 할까?

4. 상어낚시를 금지해야 할까?

5. 상어낚시를 금지하려면 어떻게 해야 할까?

워크시트 2

다음 주제에 대해 각각 찬성과 반대의견을 근거를 들어 작성해보고 결론을 도출해보자.

1. 안락사

찬성	반대
근거	**근거**

결론:

2. 인터넷 실명제

찬성	반대

근거	근거

결론:

❐ **학습목표**

1. 논리적 사고가 무엇인지 설명할 수 있다.
2. 논리적 사고에 필요한 요소와 태도를 이해하고 활용 방법을 설명할 수 있다.
3. 논리적 사고 개발 방법을 설명할 수 있다.
4. 논리적 사고를 다양한 실생활에 적용할 수 있다.

CHAPTER

08 논리적 사고와 논리적 사고 개발

1. 논리적 사고란?

논리적 사고는 사고의 과정과 결과가 논리의 법칙에 따라 일관되고 타당하게 이루어지는 사고방식이다. 이는 사실과 근거에 기반하여 논리적으로 추론하고 결론을 도출하는 과정이다.

논리적 사고는 '논리'와 '사고'가 합해진 단어이다. 논리란 '이치에 맞게 이끌어 가는 과정이나 원리'라는 뜻이다. 결론을 뒷받침하는 이유와 근거가 연결되어 있어야 하고, 연결된다는 것은 납득이 된다. 타당하다는 의미이므로 연결이 되어야 '논리적이다'라고 할 수 있다. 사고는 고민과는 구별되는 개념으로 고민이 단순히 생각이 많고 아이디어가 많은 것이라 하면, 사고는 데이터나 정보를 토대로 결론을 도출하는 것이다. 따라서 논리적 사고는 '명백한 이유와 근거로 결론을 도출하는 사고'라고 쉽게 이해할 수 있다. 논리적 사고를 해야 우리는 판단이나 주장을 뒷받침하고 문제를 해결할 수 있다.

학업이나 업무수행 중에는 자신이 만든 계획이나 주장을 실현해야 할 때가 있다. 이때 주위 사람에게 이해시켜 실현하기 위해서는 설득의 과정을 거쳐야 하는데, 이러한 과정에서 필요로 하는 것이 논리적 사고이다. 논리적 사고는 앞에서 언급한 바와 같이 사고의 전개에 있어서 전후의 관계가 일치하고 있는가를 살피고, 아이디어를 평가하는 능력을 의미하고, 이는 이해와 설득을 위한 구조적인 사고 방법이다. 성공적인 논리적 사고는 다른 사람을 공감시켜 움직일 수 있게 하며, 짧은 시간에 헤매지 않고 사고할 수 있게 한다.

(1) 논리적 사고의 요소

① 명확한 이슈 파악

이슈라는 것은 '지금 생각해서 결론을 내야 할 논점은 무엇인가?'이다. 논점이 분명해야 구체적으로 생각하거나 논의하는 내용을 명확하게 할 수 있다.

② 명확한 목적과 질문

논리적 사고를 시작하기 위해서는 어떤 목적을 가지고 어떤 질문을 하려고 하는지 명확하게 정의해야 한다. 목적이나 질문이 분명하지 않거나 너무 광범위하면 논리적 사고의 방향이 흔들릴 수 있다.

③ 충분한 정보와 증거

논리적 사고를 통해 도출하려는 주장과 결론은 정보와 증거에 기반해야 한다. 정보와 증거는 충분해야 하고 또한 정확해서 신뢰할 수 있어야 한다. 이를 위해 정보의 관련성과 타당성을 검증해야 한다. 정보와 증거가 부족하거나 편향되거나 오류가 있으면 논리적 사고의 질이 낮아질 수 있다.

④ 적절한 추론과 해석

논리적 사고는 정보와 증거를 토대로 해석과 추론을 하고 결론을 도출한다. 추론과 해석은 적절하고 합리적이어야 하며, 논리의 법칙에 따라 일관돼야 하고 모순이 없어야 한다. 추론과 해석을 위해서 귀납법, 연역법, 유추법 등 다양한 방법을 사용할 수 있다.

⑤ 비판적인 태도와 자기반성

논리적으로 사고하기 위해서는 자신의 사고 과정과 결과를 비판적으로 평가하고 개선할 수 있는 태도와 능력이 필요하다. 비판적인 태도는 자신의 가정, 전제, 가치관, 편견 등을 인식하고 극복하려는 자세이다. 자기반성은 자신의 결론이나 주장이 타당한지, 다른 관점이나 반론이 있는지, 오류 또는 한계가 있는지 등을 검토하고 수정하는 과정이다.

논리적 사고는 문제해결에 토대가 되는 중요한 도구이다. 논리적 사고를 잘하려면 위에서 언급한 요소들을 연습하고 습관화해야 한다. 또한 다양한 분야와 상황에서 논리적 사고를 적용해야 한다.

(2) 논리적 사고의 단계

① 문제 인식

논리적 사고의 첫 번째 단계는 문제 또는 주제를 인식하고 정의하는 것이다. 문제를 인식하려면 주변의 현상이나 정보를 관찰하고 분석하며, 문제의 원인과 영향을 파악해야 하고, 문제를 정의하려면 문제의 본질과 범위, 중요도, 긴급성 등을 명확하게 표현해야 한다. 이러한 전제가 올바르고 정확하다면, 논리적 사고의 결과물도 더욱 신뢰성이 높아진다.

② 가설 설정

논리적 사고의 두 번째 단계는 문제해결을 위한 가설을 설정하는 것이다. 가설이란 문제에 대한 잠정적인 해답이나 설명을 뜻한다. 가설을 설정하려면 문제와 관련된 지식이나 정보, 경험, 상식 등을 활용하며, 여러 가지 가능성을 열어두어야 한다. 가설을 설정할 때에는 MECE(중복과 누락 없이 전체를 분류하는 것) 원칙을 따라야 한다.

③ 논거 제시

논리적 사고의 세 번째 단계는 가설을 검증하기 위한 논거를 제시하는 것이다. 논거란 가설을 뒷받침하는 이유와 근거이다. 논거를 제시하려면 사실이나 데이터, 예시, 전문가의 의견 등을 활용하며, 가설과 논거 사이의 연결고리를 명확하게 표현해야 한다. 논거를 제시할 때에는 so what(그래서 무엇이지?) 기법을 사용하여 논거의 의미와 중요성을 강조할 필요가 있다.

④ 반증과 논증의 타당성 판단

논리적 사고는 반증을 통해 자신의 논점을 점검하고 수정하는 과정도 포함한다. 다른 사람들이 제시하는 반대의견을 적극적으로 검토하고 자신의 논증이 타당하고 타당하지 않은 부분을 파악하여 개선하는 것이 중요하다. 결론을 도출하려면 가설과 논거의 타당성과 신뢰성을 평가하며, 다른 관점이나 반론에 대응할 수 있어야 한다.

⑤ 결론 도출

논리적 사고의 마지막은 가설과 논거를 종합하여 결론을 도출하는 것이다. 결론이란 문제에 대한 최종적인 해답이나 판단이다. 결론을 도출할 때에는 결론부터 제시하고 그 이유와 근거를 나열하는 피라미드 구조화 방법을 사용하는 것이 효과적이다.

| 그림 8-1 | 논리적 사고의 단계

(3) 논리적 사고에 필요한 태도

논리적으로 사고하기 위해서는 다음의 태도를 가질 필요가 있다.

① 생각하는 습관

항상 의문을 가지고 생각하는 습관을 가진다. 일상적인 대화나 문서, 신문 등에서 논리적인 문제점이나 모순점을 찾아내고, 왜 그런지에 대해 깊이 생각해 보는 것이다.

② 상대 논리의 구조화

상대방의 주장이나 의견을 경청하고 이해하며, 그 논리의 구조를 파악하는 것이다. 상대방의 논리에서 약점이나 오류를 찾아내고, 자신의 주장을 재구축하거나 보완한다.

③ 구체적인 생각

전달 또는 주장하고자 하는 바를 명확하고 구체적으로 표현하는 데 필요하다. 구체적으로 생각하면 추상적이거나 모호한 단어나 개념을 사용하지 않을 수 있다. 사실이나 데이터, 예시 등을 활용하여 설명한다.

④ 타인에 대한 이해

상대방의 입장이나 관점을 존중하고 공감하는 것이다. 상대방의 주장에 반론을 제시할 때도 인격적인 비난이나 공격을 하지 않고, 논리적인 근거와 증거를 제시해야 한다.

⑤ 설득

설득은 논쟁이 아니라 논증을 통해 이루어지며, 공감과 협력을 목표로 한다. 따라서 상대방을 설득하기 위해 자신의 주장이나 의견을 납득시킬 때 논리적인 근거와 증거를 제시하고, 상대방의 의문이나 반박을 예측하고 대응해야 한다.

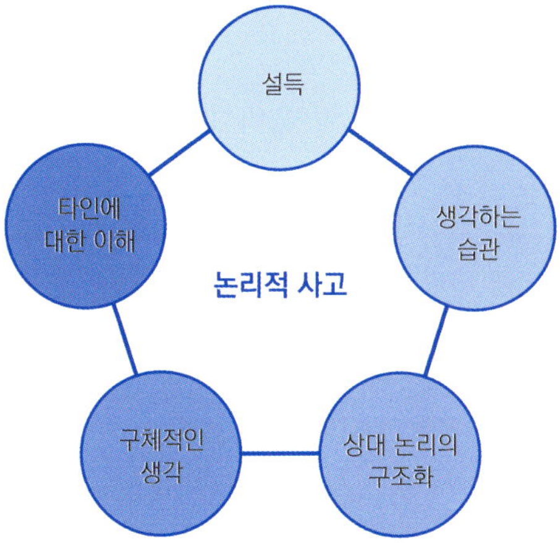

| 그림 8-2 | 논리적 사고에 필요한 요소

(4) 논리적 사고의 예시

① 논리적이냐 그렇지 않으냐?

㉠ 말하는 바가 분명하고, 결론을 제시해야 한다.

㉡ 이유와 근거가 명확하며 결론과 연결되어 있어야 한다.

- 이유: 주장에 대해 왜 그래야만 하는지에 대한 생각/논리적 측면
- 근거: 주장이나 일이 나오게 된 배경/사실적 측면

㉢ 이를 구조화하여 잘 전달해야 한다.

예를 들어

- 우산을 가지고 나가라(주장).
- 비가 올 것 같다(이유).
- 하늘을 보니 먹구름이 많이 끼어있다(근거).

이렇듯 이유와 근거가 모두 주장(결론)을 뒷받침하고 있다. 이를 통해 왜 그래야만 하는지 설명을 명확하게 하는 것이다.

이 유	근 거
주장에 대해 왜 그래야만 하는지 생각 논리적 측면	주장이나 일이 나오게 된 배경 사실적 측면

논리적 사고(Logical Thinking)와 합리적 사고(Rational Thinking)의 차이

논리적 사고는 주로 형식적인 추론과 관련이 있다. 그래서 주어진 전제나 사실을 바탕으로 논리적 규칙에 따라 적절한 추론을 하는 것을 강조한다. 논리적인 사고는 주장이나 주장들 사이 논증의 타당성을 판단하고 논리적 오류를 찾아내는 데 초점을 둔다. 논리적 사고는 형식적이고 체계적인 성격을 띠며, 일반적으로 명확하고 확실한 결론에 도달하는 것을 목표로 한다.

합리적 사고(Rational Thinking)는 더 넓은 범위의 사고 과정이다. 주어진 정보나 상황을 분석하고, 합리적으로 판단하는 능력을 강조한다. 합리적 사고는 논리적인 규칙뿐만 아니라 사실에 기반한 판단, 경험, 직관 등을 종합적으로 고려한다. 실생활에서 일어나는 문제를 해결하거나, 불확실한 상황에서 의사결정을 하는 데에 활용된다. 합리적 사고는 때로는 논리적인 결론을 도출하기 어려운 복잡한 문제를 다룰 수 있다.

요약하자면, 논리적 사고는 주로 형식적인 규칙을 따라 주어진 사실을 분석하고 추론하는 것에 초점을 맞추지만, 합리적 사고는 더 넓은 범위의 사고 과정을 포함하여 주어진 정보와 상황을 분석하고 판단하는 데 초점을 두고 실제 생활의 다양한 상황에서 활용된다. 논리적 사고는 합리적 사고의 일부로 볼 수 있다.

2. 논리적 사고의 활용

논리적 사고는 의사소통과 문제해결에 가장 유용하게 활용된다.

(1) 의사소통에서의 논리적 사고 활용

의사소통은 서로의 생각과 정보를 주고받는 과정이다. 논리적 사고를 하면 자신의 메시지를 명확하고 구체적으로 표현하고, 상대방의 메시지를 정확하고 객관적으로 해석하고, 상대방과의 대화나 논쟁에서 합리적이고 공정한 태도를 보일 수 있다. 논리적 사고가 부족하면 자신의 메시지가 모호하거나 추상적으로 전달되거나, 상대방의 메시지를 잘못 이해하거나 왜곡하거나, 상대방과의 대화나 논쟁에서 비난하거나 모욕하거나 협력하지 못할 수 있다. 논리적 사고는 의사소통이 더욱 명확하고 효과적으로 이루어질 수 있도록 한다.

① 명확한 주장과 논술 구성

자신의 의견을 설득력 있게 주장하기 위해서는 불필요한 정보를 제거하고 핵심적인 내용을 강조하여 논리적으로 설득력 있는 메시지를 전달해야 한다. 논리적 사고를 활용하면 명확하고 간결한 주장과 논술의 구성이 가능하다.

② 논리적인 흐름

원활한 의사소통을 위해서는 상대방이 이해하기 쉽도록 논리적인 순서로 정보를 제공하고, 각 정보가 서로 어떻게 연결되는지를 명확하게 보여줄 필요가 있다. 논리적 사고를 하면 정보를 논리적으로 연결되도록 구성할 수 있다.

③ 상대방의 반론 고려

자신의 주장을 관철하려면 상대방의 반론까지 고려해야 한다. 논리적 사고를 하면 상대방이 할 수 있는 반론을 고려하고, 해당 반론에 대한 대응책을 마련할 수 있다.

④ 모호성과 오해 방지

의사소통이 잘 되려면 모호성과 오해를 방지해야 한다. 논리적으로 사고하면 모호한 용어나 문장을 사용하지 않고, 논리적으로 일관성 있는 메시지를 전달할 수 있다.

(2) 문제해결에서의 논리적 사고 활용

문제를 해결하거나 판단을 내릴 때에는 여러 가지 정보와 증거를 바탕으로 추론과 해석을 통해 결론이나 주장을 도출해야 한다. 이때 논리적 사고를 통해 우리는 정보와 증거의 충분성과 정확성과 신뢰성을 검증하고, 추론과 해석의 적절성과 합리성을 평가하고, 결론이나 주장의 타당성과 강도를 증명할 수 있다. 논리적 사고가 부족하면 문제를 잘못 파악하거나 오류나 편향에 빠지거나 납득할 수 없는 결론이나 주장에 도달할 수 있다. 논리적 사고는 문제해결의 전반적인 과정에 적용된다. 논리적 사고를 활용하여 문제를 체계적으로 분석하고, 근거를 제시하여 가설을 설정하며, 타당한 해결책을 도출하는 것은 문제해결에 매우 중요한 요소이다.

① 문제 정의

문제해결 과정의 첫 단계는 문제를 명확하게 정의하는 것이다. 논리적으로 사고하여 어떤 문제를 해결해야 하는지를 분명히 하고, 그 문제의 범위와 특성을 정확히 파악해야 한다.

② 데이터 및 정보수집과 분석

이 단계에서는 논리적 사고를 활용하여 문제와 관련된 모든 정보를 수집하고, 수집한 데이터와 정보를 분석하여 문제 상황을 파악한다. 논리적으로 데이터를 검토하고 패턴을 파악하며, 문제의 원인과 영향을 파악해야 한다. 이때 논리적으로 일관성 있게 분석하는 것이 중요하다.

③ 가설 수립과 검증

데이터 분석을 바탕으로 문제의 원인과 해결 방법에 대한 가설을 수립한다. 논리적으로 근거를 제시하며, 가능한 해결책들을 고려하여 가설을 설정한다. 수립한 가설들을 논리적으로 테스트해보고 근거를 찾아 가설의 옳고 그름을 판단한다.

④ 해결책 도출과 계획 수립

검증된 가설 중에서 가장 타당한 해결책을 선택한다. 이때 논리적으로 각 해결책을 비교 분석하며, 문제를 가장 효과적으로 해결할 방안을 도출한다. 해결책 실행을 위해 구체적인 계획을 수립할 때는 각 단계를 체계적으로 정리하고, 실행 가능한 일정과 절차를 설계해야 한다.

⑤ 실행 및 평가

실행 과정에서 문제가 발생하는 경우 논리적 사고를 발휘하여 수정과 개선을 해야 하고 최종적으로 해결책의 효과를 평가하고, 문제해결의 결과를 도출한다.

논리적 사고는 비판적인 태도와 자기반성을 가능하게 한다. 비판적인 태도란 자신의 가정, 전제, 가치관, 편견 등을 인식하고 극복하려는 자세이다. 자기반성이란 자신의 결론이나 주장이 타당한지, 다른 관점이나 반론이 있는지, 오류나 한계가 있는지 등을 검토하고 수정하는 과정이다. 이러한 비판적인 태도와 자기반성을 위해서는 논리적 사고가 필요하다. 논리적 사고를 통해 우리는 자신의 사고 과정과 결과에 대해 비판적으로 평가하고 개선할 수 있다. 논리적 사고가 부족하면 우리는 자신의 사고에 대해 소극적이거나 방어적이거나 고집스럽게 되거나, 다른 사람들의 의견에 대해 거부감을 가지거나 무관심할 수 있다.

논리적 사고는 학습과 경험을 통해 개선할 수 있는 능력이다. 논리적 사고를 향상시키기 위해서는 논리학과 철학적 원리들을 학습하고, 문제해결을 위한 연습과 문제를 다양한 각도에서 바라보는 능력을 갖추는 것이 중요하다.

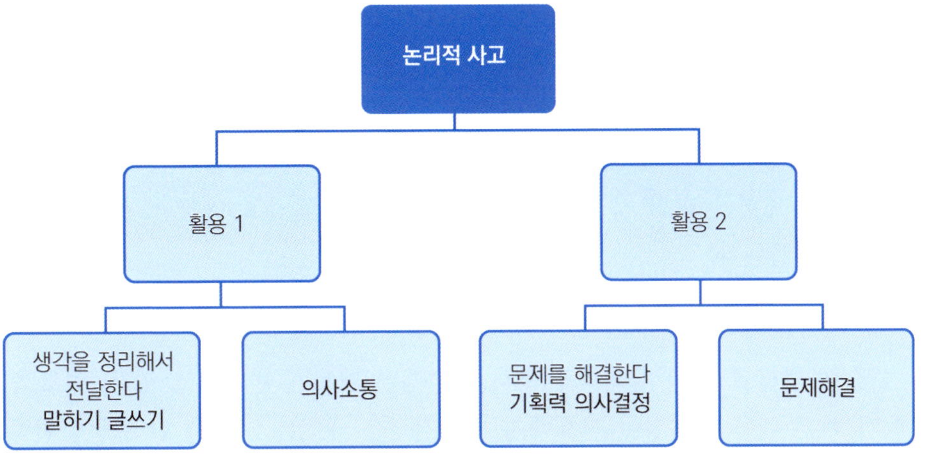

|그림 8-3| 논리적 사고의 활용

3. 논리적 사고의 필요성과 장점

(1) 논리적 사고의 필요성

현재 디지털 정보 시대를 맞아 정보는 더욱 복잡해지고 다양화되었으며, 글로벌화에 따라 사회 구성원의 이질성도 증가했다. 이러한 복잡한 세상에서 자신의 논리를 타인에게 전달하고 성공적으로 문제를 해결하기 위해서는 논리적 사고가 더욱 필요하다.

① 정보의 복잡화

현대 사회는 기술의 발전과 글로벌화로 인해 무한정으로 정보가 증가하고 복잡해지고 있다. 인터넷과 디지털 기술의 발달로 인해 엄청난 데이터가 생성되고, 이러한 정보는 빠르게 전파되어 우리의 삶과 일상에 영향을 미치고 있다. 우리는 이러한 수많은 정보 가운데 필요한 정보를 수집하고 평가할 수 있어야 한다. 따라서 정보의 신뢰성과 유효성을 평가하고 잘못된 정보를 걸러내는 능력이 필요하다. 논리적 사고는 복잡한 정보를 분석하고 이해하는 데 도움을 준다.

② 구성원의 다양화

현대 조직이나 사회는 인종, 문화, 성별, 종교 등 여러 측면에서 다양화되어 있다. 이러한 다양성은 더 많은 아이디어와 관점을 생성하고 창의성을 촉진할 수 있으며, 혁신적인 아이디어를 발굴하는 데 도움이 된다. 그러나 동시에 서로 다른 배경으로 인해 가치관과 이해방식이 다르므로 의사소통의 어려움이 커지고 있다. 논리적 사고는 객관적인 분석과 이해를 도와 서로 다른 의견과 견해를 존중하고 조율하는 데 도움을 주므로 갈등을 감소시키고 효율적인 협력을 가능하게 한다. 또한 논리적 사고는 편견과 선입견을 극복하고 다양한 관점을 포용하는 것을 돕는다.

③ 의사결정의 가속화

기술의 발달로 인해 사회와 비즈니스 환경은 빠르게 변화하고 있다. 이로 인해 더 빠른 대응과 결정이 필요해져 의사결정을 내리는 시간을 단축해야 한다. 이런 상황에서 논리적 사고는 효율적인 의사결정에 필수적인 요소이다. 논리적 사고는 문제를 분석하고 해결책을 평가하는 데 도움을 주며, 중요한 정보와 불필요한 정보를 구별하는 능력이다. 따라서 논리적 사고를 하면 빠르고 효과적인 의사결정을 내리고 결과를 예측하고 평가할 수 있다. 논리적 사고를 바탕으로 하는 의사결정은 미래에 발생할 수 있는 위험을 최소화하고 기회를 극대화한다.

요약하자면, 논리적 사고는 복잡한 정보를 분석하고 이해하는 데 도움을 주고, 다양한 관점을 포용하고 효율적인 의사결정을 가능하게 한다. 정보의 복잡화, 구성원의 다양화, 의사결정의 가속화와 같은 현대 사회의 변화에 대응하기 위해서는 논리적 사고가 필요하다. 따라서 논리적 사고 능력의 강화는 현대 사회에서 성공적으로 살아가는 데 중요한 요소이다.

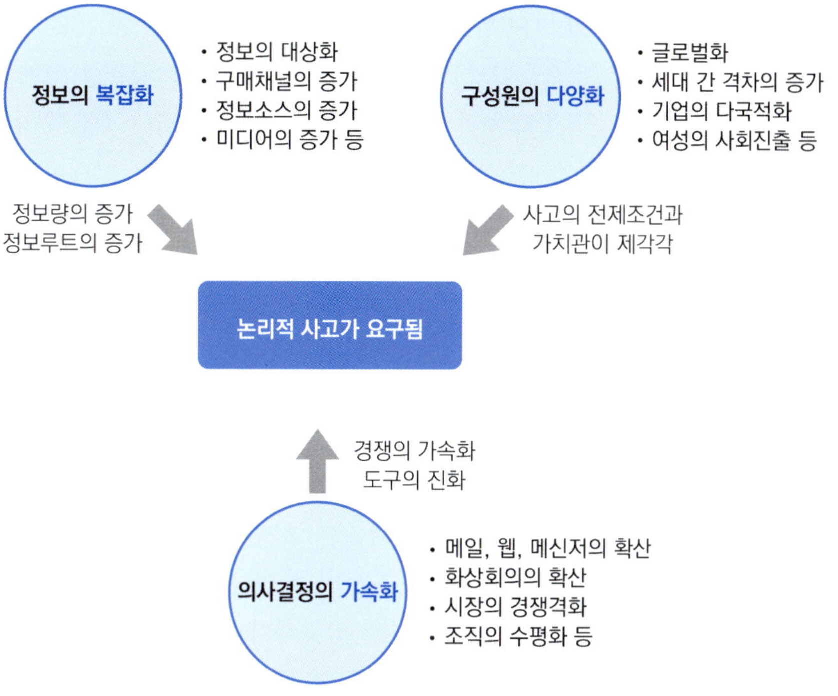

| 그림 8-4 | 논리적 사고의 필요성

(2) 논리적 사고의 장점

① 핵심을 정확하게 파악할 수 있다.

논리적 사고를 하면 문제나 주제를 구체적이고 체계적인 방식으로 분류하고 분석할 수 있다. 문제나 주제가 무엇인지, 왜 발생했는지, 어떤 영향을 미치는지 등을 명확하게 파악하고, 그 중에서 가장 중요하거나 급한 부분을 식별할 수 있고 이를 기반으로 적절한 해결책이나 방향을 찾아낼 수 있다. 이렇게 하면 문제나 주제에 대한 핵심을 정확하게 파악하고, 불필요한 정보나 근본적으로 중요하지 않은 사항을 걸러내고, 문제의 본질적인 부분에 집중할 수 있다. 이는 문제해결을 빠르게 하고 효율성을 증진한다. 반대로, 문제나 주제에 대해 논리적으로 사고하지 않으면 우리는 문제나 주제의 본질을 잘못 이해하거나 간과하거나 과장하거나 왜곡할 수 있다. 이러한 경우 문제나 주제에 대한 핵심을 정확하게 파악하지 못해 부적절한 해결책이나 방향을 선택할 수 있다.

② 상대방을 쉽게 이해시킬 수 있다.

논리적으로 주장하고 논술을 구성하면 메시지를 명확하고 일관성 있게 전달할 수 있다. 논리적 사고를 활용하여 상대방의 관점을 고려하고, 그에 맞춰 정보를 전달하면 상대방이 이해하기 쉬운 메시지를 전달할 수 있다. 상대방의 메시지를 듣거나 읽을 때도 논리적 사고를 통해 상대방의 주장이나 결론이 어떤 근거나 추론에 기반하는지, 그 과정이나 결과가 논리적인지 분석하고 평가할 수 있다. 이를 통해 상대방의 메시지를 정확하고 객관적으로 해석할 수 있으므로 상대방을 이해시키기가 쉽다.

③ 속도를 향상할 수 있다.

복잡한 문제를 논리적으로 분석하고 해결하기 위해서는 객관적이며 체계적인 접근이 필요하다. 논리적 사고를 통해 문제해결 과정을 단순화하고, 필요한 정보를 빠르게 인지하면 해결책을 더 빨리 도출할 수 있다. 그러나 반대로, 논리적으로 사고하지 않으면 정보와 증거를 충분히 검증하지 않거나 잘못된 추론 또는 해석을 사용하거나 불필요한 단계나 방법을 사용할 수 있다. 이럴 때 문제해결과 판단의 속도가 늦어진다.

"쉽고 간결하게 말하지 못한다면 제대로 알고 있지 못하는 것이다"

– 알버트 아인슈타인 –

4. 논리적 사고의 개발

논리적인 사고를 개발하는 방법은 상위개념으로부터 하위 개념을 분류해 나가는 방법과 하위 개념으로부터 상위개념을 만들어가는 방법이 있다. 이때 논리적 사고를 위해서는 상·하위 개념 간에 비약이나 오류가 없어야 한다.

(1) 귀납법

귀납법은 개별적이고 구체적인 사실이나 현상들로부터 일반적이고 보편적인 명제나 법칙을 도출하는 추론 방법이다. 예를 들어, 여러 번의 관찰을 통해 백조가 모두 하얀색이라는 사실을 발견하고, 그러므로 모든 백조는 하얀색이라는 결론을 내리는 것이 귀납법의 예이다.

귀납법은 경험적인 자료를 바탕으로 새로운 지식을 생성하는 방법으로, 수학 및 논리학 등 과학적인 연구에 많이 사용된다. 귀납법의 장점은 관찰한 범위를 넘어서 일반화할 수 있다는 것이다. 즉, 한정된 자료로부터 보다 넓은 범위의 결론을 얻을 수 있다는 의미이다. 귀납법의 단점은 관찰한 자료가 충분하지 않거나 편향되어 있으면 오류가 발생할 수 있다는 것이다. 귀납법은 절대적인 참을 보장하지 않는다. 무한한 사례를 모두 확인하기 어렵거나 새로운 정보로 인해 원래의 규칙이 수정될 수 있다. 따라서 귀납법으로 얻은 결론은 항상 검증되고 수정될 수 있는 가설로 여겨야 한다.

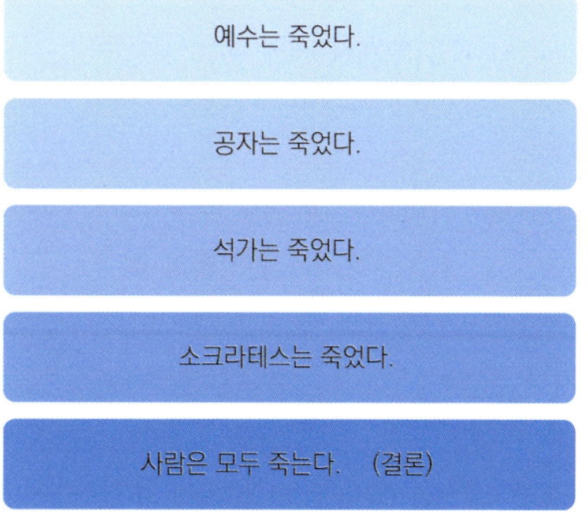

| 그림 8-5 | 귀납법의 예

(2) 연역법

연역법은 일반적이고 보편적인 명제나 법칙으로부터 개별적이고 구체적인 사실이나 현상을 유도하는 추론 방법이다. 예를 들어, '모든 인간은 죽는다'는 법칙과 '나는 인간이다'라는 전제로부터 '나도 죽는다'는 결론을 내리는 것이 연역법의 예이다.

연역법은 기존의 이론으로 새로운 사실을 검증하는 방법으로, 논리적으로 타당한 결론을 얻을 수 있다. 연역법은 보편적인 명제에서 개별적인 명제를 얻어내는 방법이기도 하다. 연역법은 과학적 논리와 추리로 지식을 획득하는 방법으로 서양 사상의 합리론의 기초이다.

연역법은 전제가 참이고 논리적인 규칙이 타당할 경우, 결론이 반드시 참이 된다. 이는 이미 알려진 정보와 논리적으로 상호 일치하는 새로운 정보를 제공하여 지식을 확장하고 이해하는 데 도움이 된다. 연역법은 일반적으로 수학, 논리학, 철학 등의 분야에서 많이 사용되며, 문제해결과 결론 도출에 유용한 방법의 하나다. 그러나 전제가 참이 아니거나 논리적으로 잘못된 규칙을 사용하는 경우 잘못된 결론에 도달할 수 있어 주의해야 한다. 따라서 연역법으로 얻은 결론은 검증이 중요하다.

모든 사람은 죽는다. A → B (대전제)

소크라테스는 사람이다. C → A (소전제)

소크라테스는 죽는다. C → B (결론)

| 그림 8-6 | 연역법의 예

(3) 피라미드 논리구조

피라미드 논리구조란 결론을 중심으로 결론에 대한 근거나 방법이 유기적으로 연결된 논리적인 구조이다. 보조 메시지들을 통해 주요 메인 메시지를 얻고, 다시 메인 메시지를 종합한 최종적인 정보를 도출해 내는 방법이다.

① 수직적 관계

피라미드의 상위 단계에는 결론이 있고, 하위 단계에는 근거나 방법이 있다. 결론과 근거나 방법은 So what? Why so?의 관계를 이룬다. 즉, 상위 단계의 결론이 하위 단계의 근거나 방법에 의해 설명되고, 하위 단계의 근거나 방법이 상위 단계의 결론을 뒷받침한다.

② 수평적 관계

피라미드의 같은 단계에 있는 근거나 방법들은 MECE 관계이다. MECE는 mutually exclusive, collectively exhaustive의 약자로, 서로 중복되지 않으면서 전체적으로 누락이 없다는 의미이다. 같은 단계의 근거나 방법들은 각각 독립적이면서 완전한 집합을 구성한다.

피라미드 논리구조는 병렬형과 해설형으로 구분할 수 있다. 병렬형은 결론에 대한 근거나 방법들이 나열되는 형태이고, 해설형은 결론에 대한 근거나 방법들이 사실, 판단기준, 판단내용 등으로 구성되는 형태이다. 병렬형과 해설형은 상황에 따라 적절하게 활용할 수 있다.

따라서 피라미드 구조를 설명할 때 '그래서 결론이 무엇인가(so what?)' 혹은 '도대체 근거가 무엇인가(why so?)'라는 말을 한다. 피라미드 구조는 논리의 기본 구조로 주장 또는 보고서가 논리적인 전개를 하고 있는지를 파악할 때 사용한다. 이러한 논리구조는 기본적으로 결론과 그에 따른 근거를 포함하고 있다. 즉 상위 단계에 결론이 있다면 하위 단계에는 근거가 있어야 한다. 만약 결론은 있는데, 근거가 없다거나, 근거는 있는데, 결론이 없다면 논리구조에 문제가 있다.

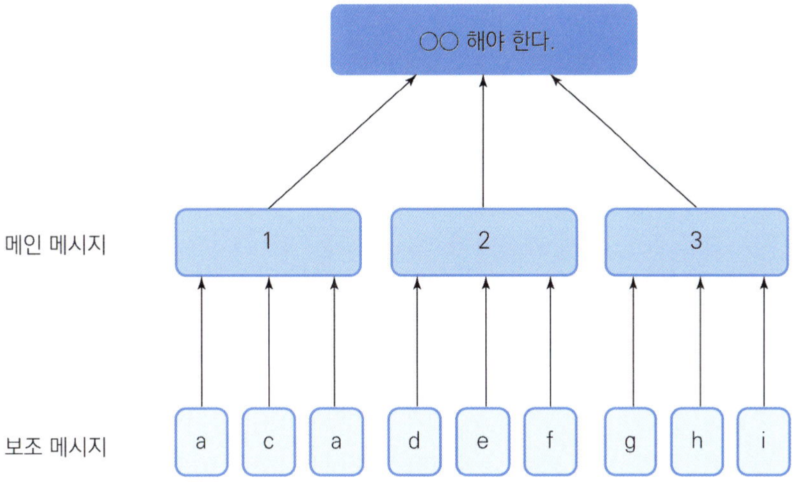

| 그림 8-7 | 피라미드 논리구조

예를 들어, 현재 제품 판매업무를 맡고 있는 한 부서에서 발견할 수 있는 현상(보조 메시지)이 제품 A의 판매부진(a), 고객들의 불만 건수 증가(b), 경쟁사의 제품 B의 매출 증가(c)로 발견되었다고 한다면, 우리 회사의 제품 A에 대한 홍보가 부족하고, 고객의 만족도가 떨어지고 있다(1)라는 메인 메시지를 도출할 수 있다. 메인 메시지들을 모아서 최종적으로 결론을 도출하는 방법이 피라미드 구조이다.

③ 피라미드 논리구조의 장점

㉠ 청중의 이해도를 높일 수 있다.

피라미드 논리구조는 결론을 명확하게 제시하고, 그에 따른 근거나 방법을 체계적으로 전달하기 때문에 청중이 쉽게 따라갈 수 있다.

㉡ 핵심 메시지를 강조할 수 있다.

피라미드 논리구조는 결론을 중심으로 구성하기 때문에 핵심 메시지가 잘 드러난다. 또한, MECE 원칙을 적용하여 중복이나 누락을 없애고, 중요도 순으로 나열하여 핵심 메시지를 강조할 수 있다.

㉢ 생각을 정리할 수 있다.

피라미드 논리구조를 만들기 위해서는 결론과 근거나 방법을 명확하게 정의하고, 그들 사이의 관계를 파악해야 한다. 이 과정에서 자신의 생각을 명료하고 타당하게 정리할 수 있다.

(4) So what / Why so 기법

So what / Why so 기법은 논리적 사고와 의사소통을 위한 효과적인 방법이다. So what은 "그래서 무엇이지?"라는 의미로, 주어진 정보나 사실로부터 결론이나 시사점을 도출하는 과정이다. Why so는 "왜 그렇지?"라는 의미로, 도출된 결론이나 시사점에 대한 근거나 이유를 제시하는 과정이다.

① So what / Why so 기법의 순서

㉠ 주제를 정한다. 논리적으로 전개하고자 하는 주제를 명확하게 수립한다.

㉡ 정보를 수집한다. 주제와 관련된 정보나 사실을 충분히 수집하고 정리한다.

㉢ So what을 질문한다. 수집한 정보나 사실로부터 어떤 결론이나 시사점을 도출할 수 있는지 So what을 질문한다.

㉣ Why so를 질문한다. 도출한 결론이나 시사점에 대해 왜 그렇게 생각하는지 Why so를 질문한다.

㉤ 반복한다. 필요한 만큼 So what과 Why so를 반복하여 논리적인 구조를 완성한다.

② So what / Why so 기법의 장점

㉠ 논리적인 사고력 향상: So what / Why so 기법은 정보나 사실을 단순히 받아들이는 것이 아니라, 이에 대한 의미와 가치를 찾아내고, 타당성을 검증하는 사고 과정이다. 이를 통해 논리적인 사고력을 높일 수 있다.

㉡ 커뮤니케이션의 효과성 제고: So what / Why so 기법은 커뮤니케이션의 목적과 방향을 명확하게 하고, 중복이나 누락, 혼재, 비약 등의 오류를 감소시킨다. 이를 통해 커뮤니케이션의 효과성을 높일 수 있다.

So what / Why so 기법 사례

1. 자동차 산업과 주식

[상황]

① 우리 회사의 자동차 판매대수가 사상 처음으로 전년 대비 마이너스를 기록했다.
② 우리나라의 자동차 업계 전체는 일제히 저가 결산을 발표했다.
③ 주식시장은 몇 주간 조금씩 하락하는 상황에 있다.

[상황을 통해 논리적으로 사고한 예]

a. 자동차 판매가 부진하다.
b. 자동차 산업의 미래
c. 자동차 산업과 주식시장의 상황
d. 자동차 관련 기업의 주식을 사서는 안 된다.
e. 지금이야말로 자동차 관련 기업의 주식을 사야 한다.

[a~e에 대한 설명]

- a는 자동차 판매가 부진하다고만 말한다. 상황 ②, ③에 제시된 자동차 판매 대수가 줄어들고, 자동차 업계 전체적인 실적이 악화하고 있으며, 이로 인해 주식시장도 악화하고 있다는 점은 a의 메시지에 포함되어 있지 않다. 즉 a는 상황의 ①만 고려하고 있는 것으로 세 가지의 정보를 빠짐없이 고려하고, 또 모순이 없는 정보를 이끌어내는 'So what?'의 사고가 되지 않는다.
- b의 자동차 산업의 미래는 상황 ③의 주식시장을 고려하고 있지 않다.
- c는 주식시장에 대한 정보도 포함하고 있으며, 세 가지의 상황 모두 자동차 산업의 가까운 미래를 예측하는 데 사용될 수 있는 정보이기 때문에 모순은 없다. 그러나 자동차 산업과 주식시장이 어떻게 된다고 전달하고 싶은 것인지 알 수 없다. 'So what?'의 사고에서 중요한 점은 "그래서 도대체 무엇이 어떻다는 것인가?"라는 것처럼, 무엇인가 의미 있는 메시지를 도출해야 한다.

- d나 e는 "주식을 사지 말라" 혹은 "주식을 사라"라는 메시지가 있어 주장이 명확하며, 상황을 모두 망라하고 있으므로, 'So what?'을 사용했다고 볼 수 있다.
- 이상에서 살펴본 바와 같이 'So what?'은 단어나 제언만으로 표현하는 것이 아니라, 주어와 술어가 있는 글로 표현함으로써 "어떻게 될 것인가?", "어떻게 해야 한다"라는 내용을 포함해야 한다.

※ 금진호 외(2019). 문제해결능력 참조하여 재구성함

2. 온라인 광고 효과 저하

① 문제 정의
- 온라인 광고의 성과가 감소하고 있는데, 이는 왜 문제가 되는 것일까요?
- 현재 온라인 광고의 성과는 어떻게 나타나나요?
- 왜 온라인 광고 효과의 저하가 문제가 되는지 생각해봅시다.

② 'So what' 분석
- 광고 클릭 수가 줄어들고 있다면, 그렇다면 왜 이것이 문제가 될까요?
- 광고 효과의 저하로 인해 매출 감소가 발생한다면, 그럼 이것이 왜 중요한 문제가 될까요?

③ 원인분석
- 광고 클릭 수 감소의 원인은 무엇일 수 있을까요? 광고 자체의 질이나 타겟팅 문제일 수도 있을 것입니다.
- 매출 감소의 원인은 어떤 요인으로 인해 발생할 수 있을까요? 광고를 클릭한 사용자의 구매 의사결정 과정, 결제 과정 등을 살펴보아야 할 것입니다.

④ 'Why so' 분석
- 광고 클릭 수가 줄어든 이유는 광고가 더 이상 관심을 끌지 못하는 내용을 담고 있거나, 경쟁사의 광고가 더 유형적인 것일 수도 있습니다. 이것이 왜 발생했을까요?
- 매출 감소는 고객들이 광고를 보고 제품 또는 서비스를 구매하는 데 어떤 요소들이 영향을 주었을까요?

⑤ 해결책 도출
- 광고 클릭 수를 늘리기 위해 어떤 방법을 사용할 수 있을까요? 광고 콘텐츠 개선, 더 효과적인 타겟팅 등이 가능한 해결책이 될 수 있습니다.
- 매출 감소를 막기 위해서는 어떤 전략을 채택할 수 있을까요? 구매 과정의 편의성 개선, 가격 정책 개선 등이 고려될 수 있습니다.

⑥ 결과 예측
- 광고 클릭 수가 증가한다면 어떤 결과가 예상되나요? 더 많은 사용자가 사이트로 유입되어 구매 가능성이 높아질 것입니다.
- 매출 감소가 막혀난다면 어떤 변화가 예상되나요? 더 많은 구매로 이어져 매출이 상승할 것입니다.

⑦ 실행과 모니터링

- 도출된 해결책을 어떻게 실행할 것인가요? 계획 수립과 실행을 위한 시간표와 단계를 정하십시오.
- 실행 후 결과를 어떻게 모니터링하고 평가할 것인가요? 성과 지표를 정하여 효과를 측정하고 계속 개선하십시오.

워크시트

다음 주제에 대한 해결 방법을 피라미드 구조를 활용해서 제시해보세요.

1. 디지털 대전환시대에 필요한 인재는 어떤 역량을 가진 사람이고, 이러한 인재 양성방법은 무엇인가?

2. 한국의 저출산 문제의 원인과 해결책은 무엇인가?

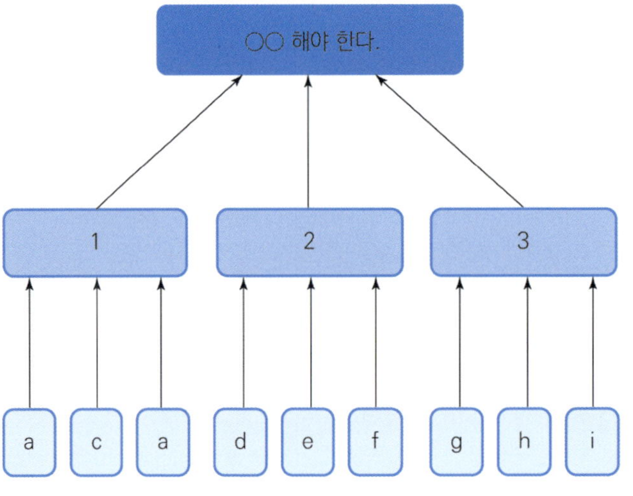

창의적 문제해결

❒ 학습목표

1. 합리적인 사고와 사고과정을 설명할 수 있다.
2. 합리적인 사고의 특징을 설명할 수 있다.
3. 합리적 의사결정 방법을 설명할 수 있다.
4. 합리적 사고를 개발하고 적용할 수 있다.
5. 비합리적 사고의 원인에 대해 알고 극복할 수 있다.

CHAPTER

09 합리적 사고와 합리적 사고 개발

현명한 결정이나 판단은 조직의 리더나 정책 결정 시에만 필요한 것이 아니다!

사람은 누구나 삶 가운데 수많은 '선택'의 순간을 맞이하고, 합리적으로 의사결정을 내려야 할 때가 있다. 생활에서는 두 가지 이상의 상황 또는 일이 중복되어 우선순위를 정해야 할 때나 이직을 결심하거나, 다른 사람이 무리한 요구를 할 때 거절의 의사표시를 해야 할 때 등이다. 이때 우리는 바르게 판단하고 옳은 결정을 내려야 한다.

1. 합리적 사고란?

합리적 사고는 논리적이고 합리적인 방식으로 문제를 이해하고 해결하는 것이다. 이는 객관적인 증거와 논리에 기반하여 판단하고 결론을 도출하는 것이다. 따라서 합리적 사고의 특징은 주관적인 감정이나 편견에 좌우되지 않으며, 객관적 사실과 증거를 근거로 하여 결정하는 것이다.

합리적 사고는 목적 지향적 사고, 즉 '효율성'을 지향하는 사고이다. 목표 달성을 위해 효과적인 방법·수단을 생각하는 방식이라 할 수 있다. 그러므로 어떤 것에 대해 생각하면서, 그런 생각 자체가 옳은지를 함께 생각하는 것이다. 합리적 사고를 잘 하려면 지속적인 자기 성찰과 대안 제시의 과정이 필요하다.

2. 합리적 사고의 과정

합리적 사고를 통해 문제를 해결하고 의사결정을 할 때는 다음과 같은 과정을 따르는 것이 중요하다. 합리적 사고의 과정은 문제해결 과정과 매우 유사하다.

(1) 문제 정의

문제를 명확하게 이해하고 정의하는 단계이다. 이 단계에서 어떤 목표를 달성하려고 하는지, 문제의 범위와 영향을 파악한다.

(2) 정보 수집

문제에 대한 정보와 자료를 수집한다. 이때 가능한 한 신뢰할 수 있는 자료와 다양한 출처의 정보를 활용하는 것이 중요하다.

(3) 가설 설정

문제를 해결하기 위해 가능한 해결책이나 가설을 설정한다. 이때 가설은 객관적인 사실과 데이터를 기반으로 수립해야 한다.

(4) 검증과 분석

수집한 정보와 가설을 근거로 하여 논리적으로 분석하고 검증한다. 이 단계에서는 주관적인 견해보다는 객관적인 판단과 논리적 근거가 중요하다.

(5) 결정과 행동

검토한 결과를 바탕으로 가장 합리적인 결정을 내리고 이를 실행한다. 필요에 따라 수정과 보완을 거치며 문제를 해결한다.

3. 합리적 판단

합리적으로 판단하는 방법은 논리적으로 생각하고 사고하여 최적의 결정을 내리는 과정을 의미한다. 합리적으로 판단하기 위해서는 다음을 참고하는 것이 필요하다.

(1) 객관적인 사실과 증거에 의존하기

결정을 내리거나 판단을 할 때 주관적인 감정이나 믿음보다는 신뢰성 있는 사실과 근거를 참고한다. 과학적 연구, 통계 데이터, 전문가의 의견 등을 고려하여 논리적인 기반을 갖추는 것이 중요하다.

(2) 다양한 관점 고려하기

문제를 다각도로 바라보고 다양한 관점을 고려한다. 한 가지만 보고 결정하는 것이 아니라, 여러 시각을 비교하고 이해하는 노력을 기울인다.

(3) 논리적 사고 적용하기

결과를 도출하기 위해 논리적으로 사고하고 판단한다. 사실과 가설을 분석하고 논리적인 순서로 추론하여 결론을 도출한다.

(4) 잠정적인 편견과 오류 인식하기

합리적으로 판단하기 위해서는 자신의 편견이나 오류를 인식하고 받아들일 수 있어야 한다. 이를 위해 자신을 돌아보고 자기 반성을 해보는 것이 도움이 된다.

(5) 결과에 대한 가능성과 영향 분석하기

결정을 내릴 때는 해당 결정이 어떤 결과를 초래할지 파악하고, 그 결과가 미치는 영향은 어떤 것이 있는지 신중히 고려한다.

(6) 비판적 사고와 조력하기

합리적 사고는 비판적 사고와 밀접한 관련이 있다. 자기 생각이나 결정에 대해 비판적으로 분석하고, 타인의 의견을 수렴하고 함께 토론하면 더 나은 결정을 내릴 수 있다.

(7) 시간과 노력 투자하기

중요한 결정을 내릴 때는 충동적으로 판단하지 말고 충분한 시간과 노력을 들여 조심스럽게 결정을 내리는 것이 좋다.

이러한 방법을 따라 합리적으로 판단하면, 개인적인 편견이나 주관적인 판단으로 인한 오류를 최소화하고 더 나은 결정을 내릴 수 있다. 합리적 사고는 학업에서 문제해결, 직장에서 의사결정, 일상생활에서 선택 등 다양한 상황에서 중요한 역할을 한다. 또한 합리적 사고는 비판적 사고와도 연관되어 있다. 비판적 사고는 주어진 정보를 비판적으로 평가하고 분석하는 능력을 의미하는 데 합리적 사고를 발전시키는 데 중요한 기반이 된다.

※합리적 사고의 적용: 합리적인 팀 프로젝트 운영

- 역할 분담: 팀원들의 각각의 역할과 책임을 명확히 분담하는 것이 중요하다. 각자의 전문 분야와 강점을 고려하여 역할을 배분하고, 능력에 맞게 작업을 배분하여 효율적으로 진행하도록 한다.
- 회의 일정 관리: 팀원들과 정기적으로 회의 일정을 조율하고 약속한 시간을 지키는 것이 중요하다. 회의 일정을 미리 공유하고 충분한 시간을 확보하여 모두가 참석할 수 있도록 한다.
- 의사결정 방식: 가능하면 다수의 의견을 수렴하여 합리적으로 결정할 수 있도록 중요한 결정 사항에 대해서는 논의를 거쳐 투표 등의 방식으로 의사결정을 한다.
- 효과적인 커뮤니케이션: 협업을 위해서는 팀원들 간 원활한 의사소통을 유지하는 것이 중요하다. 따라서 이메일, 메신저, 온라인 협업 도구 등을 적절히 활용하여 정보를 공유하고 업무 현황을 공유하도록 한다.
- 일정 관리: 프로젝트 진행에 필요한 일정을 미리 계획하고 관리한다. 프로젝트 전체의 일정을 수립하고, 전체 과정 중 중요한 이벤트와 마감일을 세분화하여 관리한다.
- 지속적인 평가와 피드백: 프로젝트 진행 중에 팀원들과 정기적으로 평가와 피드백을 주고받는다. 프로젝트의 질을 높이기 위해서는 문제점을 신속히 파악하고 개선사항을 발견하는 것이 중요하다. 이를 위해 프로젝트 진행 중에 팀원들과 정기적으로 프로젝트에 대해 평가하고 피드백을 주고받는 것이 필요하다.
- 문서화: 프로젝트의 투명성과 효율성을 높일 수 있도록 프로젝트 진행 과정과 결정사항, 역할 분담 등은 문서화하여 모든 팀원이 쉽게 접근할 수 있도록 한다.

4. 사고의 유형

사고의 유형은 다양한 관점과 방법을 활용하여 문제를 해결하고 결정을 내리는 방식이다. 몇 가지 사고의 유형을 살펴보면 다음과 같다.

사고의 유형	정의 및 특징
합리적 유형	의사결정을 단계별로 체계적으로 하며, 정보를 수집하고 결과를 고려한다. 시간을 갖고 주의 깊이 생각하며, 목표를 향한 단계들로 의사결정을 한다. 논리적이고 분석적이다. 전체적이고 종합적인 시각에서 의사결정을 한다. 자신의 상황에 대한 정보를 정확하게 수집하고 논리적으로 결정을 내린다. 그 결정에 대해 책임진다. ① 의사결정이 신중하고 합리적이다. ② 심리적 독립과 성장에 도움이 된다. ③ 잘못되거나 실패할 확률이 낮다. ④ 의사결정에 시간이 걸린다.
의존적 유형	의사결정 시 타인의 생각이나 도움을 중요시하며, 인기나 지지를 받는 것을 선호한다. 결정을 못 하고 뒤로 미루거나, 자신이 없어 타인의 의견에 따르기 쉽다. 협조적이고 타협적이다. 사회적 안정에 대한 욕구가 강하고 의사결정 상황이 여러 가지에 제한받는다고 생각한다. 의사결정 과정에서 타인에 의한 영향을 많이 받고 결정에 대한 책임을 부정한다. ① 의사결정이 수동적이고 순종적이다. ② 개인적 독립이나 성숙을 방해한다. ③ 실패했을 땐 남의 탓을 한다. ④ 결정을 내릴 때 정서적으로 불안해한다.
직관적 유형	의사결정 시 즉각적인 느낌이나 감정에 따르며, 문제의 본질에 대해 찰나적인 생각으로 결정한다. 어려운 문제에 부딪히면 재빨리 결정을 내리며, 예감이나 육감을 중요시한다. 창의적이고 독창적이다. 자각에 기초해서 결정을 내리지만. 그 결정에 대해서는 책임을 진다. ① 의사결정이 즉흥적이고 감정적이다. ② 스스로의 선택에 책임을 진다. ③ 의사결정이 신속하고 빠르다. ④ 잘못되거나 실패할 확률이 높다.

이 세 가지 중 합리적 사고 유형이 좋지만, 경우에 따라 다른 유형이 필요할 때도 있다. 급한 사안의 경우 직관이 필요하다. 여러 사람의 이해관계가 얽혀 있을 때는 다른 사람의 의견을 고려해야 할 때가 있다. 그러나 무작정 세 유형이 같이 결정한다고 적절한 의사결정을 할 수 있는 것은 아니다. 천차만별의 상황이 있을 수 있고 많은 변수가 있어서 합리적 의사결정을 위해서는 끊임없는 연구와 경험이 필요하다.

5. 의사결정 스타일

의사결정 스타일이란, 의사결정을 할 때 어떤 방식으로 정보를 수집하고, 대안을 평가하고, 최종적으로 선택을 하는지에 대한 개인의 성향이나 경향이다. 의사결정 스타일은 다양한 요인에 따라 달라질 수 있지만, 일반적으로 다음과 같은 다섯 가지 유형으로 구분할 수 있다.

(1) 활동하지 않는 의사결정자(Inactive Decision Maker)

의사결정을 회피하거나 미루는 경향이 있는 유형이다. 이들은 문제를 인식하지 못하거나, 문제를 해결하기 위한 책임을 다른 사람에게 넘기거나, 문제가 자연스럽게 해결될 것이라고 기대한다. 의사결정에 대한 자신감이 부족하고, 위험을 감수하지 않는다.

① 장점: 자신의 결정에 대한 책임을 회피할 수 있어서 부담을 덜 수 있고 다른 사람들의 의견을 존중하는 태도를 보일 수 있다.

② 단점: 결정을 미루거나 피하기 때문에 문제 상황을 악화시킬 수 있다. 불필요한 지연으로 인해 기회를 놓칠 수 있다.

(2) 수동적인 의사결정자(Passive Decision Maker)

의사결정을 할 때 타인의 의견이나 가이드라인을 따르는 경향이 있는 유형이다. 이들은 자신의 의견을 표현하기보다는 타인의 결정에 동의하거나 따르려고 한다. 협조적이고 타협적이지만, 독창적이거나 창의적이지는 않다.

① 장점: 다른 사람들과의 협업을 강화할 수 있다. 팀원들과의 관계를 유지하는 데 도움이 될 수 있다.

② 단점: 자신의 의견이나 필요를 포기하고 타인의 결정에 의존하기 때문에 자신의 목표를 달성하기 어려울 수 있다.

(3) 활동적인 의사결정자(Active Decision Maker)

의사결정을 할 때 적극적으로 정보를 수집하고, 다양한 대안을 모색하고, 장단점을 분석하는 유형이다. 이들은 자신의 목표와 가치관에 따라 최선의 결정을 내리려고 노력한다. 논리적이고 분석적이며, 효과적이고 실행할 수 있는 결정을 한다.

① 장점: 빠른 의사결정으로 문제해결이 신속하다. 문제에 적극적으로 대처한다.

② 단점: 결정을 빠르게 내리는 과정에서 정보 부족이나 위험이 발생할 수 있고 때로는 너무 성급한 결정을 내릴 수 있다.

(4) 대비하는 의사결정자(Preventive Decision Maker)

의사결정을 할 때 잠재적인 위험이나 부정적인 결과를 최대한 피하려는 유형이다. 이들은 문제가 발생하지 않도록 예방하거나, 문제가 발생하면 피해를 최소화하려고 한다. 신중하고 조심스럽지만, 과도한 우려나 불안으로 인해 기회를 놓칠 수 있다.

① 장점: 논리적이고 철저한 분석을 통해 신중한 결정을 내린다. 위험을 감소시키고 문제에 대비할 수 있다.

② 단점: 결정에 시간이 오래 걸릴 수 있고 빠른 대응이 필요한 상황에 올바로 대처하지 못할 수 있다.

(5) 상호작용 의사결정자(Interactive Decision Maker)

의사결정을 할 때 다른 사람들과 소통하고 협력하는 유형이다. 이들은 다른 사람들의 관점이나 피드백을 존중하고, 다른 사람들과 함께 문제를 해결하려고 한다. 사회적이고 친화적이며, 조화롭고 만족스러운 결정을 내린다.

① 장점: 다양한 의견과 아이디어를 수용하고, 팀원들과의 협업을 강화한다. 다양성을 존중하는 태도를 보인다.

② 단점: 의견이 충돌할 수 있고, 의사결정을 내리는 과정에서 중복된 논의로 시간 낭비가 발생할 수 있다.

각각의 의사결정자 스타일은 상황과 필요에 따라 장점을 발휘할 수도 있고, 단점을 보일 수도 있다. 여기서 중요한 것은 상황에 맞게 적절한 스타일을 선택하고, 의사결정을 효과적으로 내릴 수 있도록 유연하게 대처하는 능력을 개발하는 것이다.

6. 합리적 사고 개발

합리적 사고를 개발하는 데에는 여러 가지 방법이 있다. 아래는 구체적으로 합리적 사고를 발전시키는 방법에 대한 몇 가지 예시이다.

(1) 논리적 사고 훈련

논리적 사고는 합리적 판단과 결정에 필수적인 요소이다. 논리적 사고를 향상하기 위해 논리적 추론, 판단, 근거 제시 등을 강화하는 훈련을 한다. 항상 자신의 사고와 의견의 논리적 오류를 파악하고 수정하기 위해 노력한다.

(2) 비판적 사고

비판적 사고는 주어진 정보나 주장에 대해 분석적으로 접근하는 능력이다. 나의 주장과 사실 사이의 논리적 근거를 검토하고, 편견이나 선입견을 극복하여 객관적인 판단을 내리도록 연습한다. 자신이 왜 그렇게 생각하고 행동하는지에 대해 깊이 고민하고, 자신의 가정이나 전제가 타당한지, 자신의 결론이나 선택이 적절한지, 자신의 감정이나 편견이 영향을 미치는지 등을 검증하고 평가해 본다.

(3) 자기 선진적 사고

자기 선진적 사고는 스스로 생각하고 판단하는 능력을 강화하는 것을 의미한다. 다른 사람의 의견에 영향을 받지 않고, 객관적인 시각으로 문제를 바라보고 분석하는 자세를 기르도록 하는 것이 중요하다.

(4) 정보 수집과 평가

합리적 사고를 위해서는 정보수집능력과 수집한 정보를 잘 평가하는 능력이 필요하다. 신뢰성 있는 정보를 찾기 위해 연습하고 다양한 의견과 시각을 비교하여 판단하려고 노력해야 한다. 단일한 정보 또는 관점에만 의존하면 편향된 판단을 할 수 있다. 다양한 정보와 관점을 수집하고 비교하는 것은 합리적 사고의 범위를 넓히고, 새로운 통찰력을 얻을 수 있다.

(5) 토론과 피드백

타인과의 토론을 통해 의견을 교환하고, 서로의 사고방식을 이해한다. 피드백을 주고받는 것은 자신의 사고를 개선하는 데에 도움이 된다.

(6) 성장 마인드셋

성장 마인드셋을 갖고, 계속해서 자기계발을 한다. 성장 마인드셋은 캐롤 드웩(Carol Dweck) 교수가 제안한 개념으로 자신의 능력이나 재능이 타고난 것이 아니라, 노력하고 배우면 발전할 수 있다고 믿는 사고방식이다. 성장 마인드셋을 가진 사람들은 문제나 도전을 기회로 보고, 실패를 배움의 과정으로 인식하며, 자신의 성장을 위해 끊임없이 노력한다. 이들은 실수와 실패를 배움의 기회로 여기고, 새로운 지식과 기술을 습득하고, 문제에 능동적으로 대처하는 자세를 취한다. 그러므로 성장 마인드셋을 가지면 합리적 사고를 개발하는 데에 실패한 결정이나 오류가 있어도 그것을 통해 무엇을 배울 수 있는지에 초점을 맞추어 학습하는 태도를 취할 수 있다.

합리적 사고의 사례

① 직장에서의 합리적 사고
상사가 내준 프로젝트 기한이 빠르게 다가오는 상황에서, 팀원들은 논리적으로 업무를 분배하고 우선순위를 정한다. 각자의 역할과 책임을 명확히 하고, 문제 발생 시 즉각적으로 대처할 계획을 수립한다. 이렇게 합리적으로 조직된 팀은 기한을 맞추고 프로젝트를 성공적으로 완료할 수 있다.

② 상품 구매에서 합리적 사고
어떤 상품을 구매할 때, 합리적인 소비자는 다양한 정보를 수집하고 비교 분석한다. 제품의 성능, 가격, 리뷰 등을 검토하여 제일 나은 선택을 하는 것이다. 특정 브랜드에 편견을 갖지 않고, 신중하게 고려하며 불필요한 소비를 지양한다.

③ 건강 관리에서 합리적 사고
건강에 관심 있는 사람은 음식 선택이나 운동 계획을 세울 때 합리적 사고를 적용한다. 영양가가 높은 식단과 균형 잡힌 운동을 선택하여 건강을 적극적으로

관리하고, 의학적인 정보와 전문가의 조언을 적극적으로 수용한다.

④ 정치적 판단에서 합리적 사고
정치적인 문제에 대해서도 합리적 사고가 중요하다. 다양한 언론 매체와 정보를 접하고, 객관적인 사실과 증거를 확인하여 정치적 판단을 내린다. 편견과 정치적 편향에 휘둘리지 않으며, 정당한 이유와 근거를 갖고 의견을 형성한다.

7. 비합리적 사고

(1) 비합리적 사고의 원인

비합리적 사고란 자신과 타인, 그리고 세상에 대해 정확하고 적절하게 사고하지 못하는 것을 의미한다. 비합리적 사고는 현실과 일치하지 않으며 진리와도 일치하지 않는 거짓 신념이나 인지적 왜곡으로 이어진다. 그리고 비합리적 사고는 불행의 일차적인 원인이 되고 우울증, 불안, 죄책감, 염려를 초래한다. 비합리적 사고의 원인은 여러 가지가 있을 수 있다. 예를 들어, 다음과 같은 요인들이 있다.

① 유전적 요인

우리 인간은 선천적으로 불합리하게 생각하는 경향이 있다. 우리는 자연스럽게 생존과 번식을 위해 감정에 의존하는 동물이다. 때로는 감정이 사고를 왜곡하거나 방해할 수 있다.

② 환경적 요인

우리는 태어날 때부터 주변의 영향을 받는다. 우리의 부모, 친구, 교사, 언론, 문화 등은 우리에게 어떻게 생각하고 행동해야 하는지 가르친다. 그러나 이러한 영향은 항상 현실적이거나 건강하지 않을 수 있다. 예를 들어, 부모가 자식에게 과도한 기대나 압박을 가하거나, 친구가 자신의 행동을 비판하거나 조롱하거나, 언론이 왜곡된 정보나 선동적인 메시지를 전달하거나, 문화가 편견이나 편향을 조장할 수 있다. 이러한 영향은 우리가 비합리적인 신념이나 인식을 갖게 만들 수 있다.

③ 학습적 요인

우리는 삶의 경험을 통해 학습한다. 성공과 실패, 보상과 처벌, 찬사와 비난 등을 통해 어떤 사고와 행동이 좋고 나쁜지를 알아간다. 그러나 이러한 학습은 항상 정확하거나 적절하지 않을 수 있다. 예를 들어, 우리는 한 번의 실패로 인해 자신감을 잃거나, 부당한 처벌로 인해 죄책감을 느끼거나, 과도한 찬사로 인해 자만심을 가질 수 있다. 이러한 학습은 우리가 비합리적인 사고와 감정을 갖게 한다.

(2) 비합리적 사고를 극복하는 방법의 예

비합리적 사고를 극복하는 방법은 여러 가지가 있다. 이 가운데 인지적 행동치료(Cognitive Behavioral Therapy: CBT)에 따른 방법을 고려해 볼 수 있다. 인지적 행동치료(CBT)는 비합리적 사고와 감정을 인식하고 분석하고 수정하는 과정이다. CBT는 사건과 감정 사이에 있는 사고의 역할을 강조하고 비합리적 사고를 합리적 사고로 바꾸기 위해 다양한 기법들을 사용한다. 예를 들어, 자기 대화의 기록과 검토, 인지적 왜곡의 도전과 교체, 긍정적인 자기대화와 명상 등이 있다. CBT는 비합리적 사고와 감정을 줄이고, 자신감과 적응력을 높이고, 삶의 질을 향상시키는 데 도움이 된다. CBT를 실천하기 위해서는 다음과 같은 단계들을 따라야 한다.

① 비합리적 사고와 감정을 인식한다.

우리는 자주 우리의 사고와 감정을 의식하지 못하거나 무시하거나 부정한다. 그러나 이것은 문제를 해결하지 못하고 오히려 악화시킨다. 따라서 우리의 사고와 감정을 정직하게 들여다보고, 그것이 현실과 일치하는지, 건강한지, 효율적인지를 판단해야 한다.

② 비합리적 사고와 감정의 원인과 결과를 분석한다.

우리의 사고와 감정이 어떤 사건이나 상황에 의해 발생하고, 어떤 영향을 미치는지를 파악해야 한다. 우리의 사고와 감정이 논리적이고 적절한지, 아니면 거짓 신념이나 인지적 왜곡에 기반한지를 확인해야 한다. 또한 우리의 사고와 감정이 우리의 행동과 목표에 어떤 영향을 미치는지를 자세히 들여다보고 평가해야 한다.

③ 비합리적 사고와 감정에 도전하고 교체한다.

우리의 사고와 감정이 비합리적이라면, 그것을 바꾸기 위해 노력해야 한다. 예를 들어, 이것은 사실인가? 이것은 증거가 있는가? 이것은 나에게 도움이 되는가? 이것은 나에게 필요한가? 등의 우리의 사고와 감정에 대해 논리적이고 철학적인 질문을 던져야 한다. 비합리적 사고와 감정을 합리적 사고와 감정으로 바꾸기 위해 자기대화의 기록과 검토, 인지적 왜곡의 도전과 교체, 긍정적인 자기대화와 명상 등의 다양한 기법들을 사용할 수 있다.

비합리적 사고와 감정은 쉽게 바뀌지 않지만 꾸준히 연습하면서 점차 개선할 수 있다. 비합리적 사고와 감정을 합리적 사고와 감정으로 바꾸면, 더 행복하고 만족스러운 삶을 살 수 있다.

워크시트 1

의사결정 유형검사

다음은 자신의 의사결정 유형을 알아보는 검사이다. 다음 항목에 대해 '어쩌다 그렇다'이면 1, '가끔 그렇다'이면 2, '반반 정도 그렇다.'이면 3, '자주 그렇다'이면 4, '언제나 그렇다'이면 5를 점수란에 써넣어보자.

유형	항목	점수
합리적 유형	의사결정 시 단계별로 체계적으로 한다.	
	정보를 수집하지 않고는 의사결정을 하지 않는다.	
	의사결정 시 결과까지 고려한다.	
	시간을 갖고 주의 깊게 생각한다.	
	중요할수록 계획하고 생각할 시간을 충분히 갖는다.	
	의사결정 전에 바른 판단을 위해 정보를 재확인한다.	
	중요한 일을 하기 전에 신중하게 계획을 세운다.	
	바른 결정을 확신하고자 조급하게 결정하지 않는다.	
	각각의 의사결정은 목표를 향한 단계들이다.	
	의사결정 전에 결과에 대해 많이 알고 싶다.	
직관적 유형	욕구에 따라 독특한 의사결정을 한다.	
	어려운 문제에 부딪히면 재빨리 결정을 내린다.	
	의사결정 시 즉각적인 느낌과 감정에 따른다.	
	문제의 본질에 대해 찰나적인 생각으로 결정한다.	
	갑자기 생각이 떠오르면 뭘 해야 할지 알게 된다.	
	마음이 끌리는 쪽으로 결정을 한다.	
	의사결정 시 예감이나 육감을 중요시한다.	
	감정적으로 만족이 되면 올바른 결정으로 여긴다.	
	"이것이다"라는 느낌에 따라 결정할 때가 종종 있다.	
	정보수집, 검토보다 떠오르는 대로 자주 결정한다.	
의존적 유형	내 결정에 대한 친구들의 생각을 중요시한다.	
	누군가의 도움 없이는 중요한 결정이 어렵다.	
	하고 싶은 것보다 타인의 생각에 영향을 받는다.	

유형	항목	점수
의존적 유형	친구에게 먼저 이야기하지 않고는 결정하지 않는다.	
	결정을 못 하고 뒤로 미루는 경우가 많다.	
	의사결정 시 타인의 많은 격려와 지지가 필요하다.	
	인기를 떨어뜨릴 의사결정은 하고 싶지 않다.	
	의사결정에 자신이 없어 타인의 의견에 따른다.	
	나의 의사결정에 지지를 받지 못하면 확신이 없다.	
	대부분 주위 사람들이 바라는 방향으로 결정한다.	

※본 검사지는 채유경(2006: 44-45)을 참고하여 재구성한 것임

결과 해석	유형별	총점	나의 의사결정 유형은?
	합리적 유형		
	직관적 유형		
	의존적 유형		

워크시트 2

어떤 동물이 왕이 되어야 합리적일까?

동물의 왕을 뽑기 위해 세상의 모든 동물이 한자리에 모였다. 육지 동물들은 사자를, 새들은 독수리를, 물고기들은 고래를 왕으로 추대했다. 한 치도 물러섬이 없이 자신들을 대표하는 동물이 왕이 되기를 원했다.
서로를 비판하는 과정에서 동물들은 사자, 독수리, 고래는 전체 동물을 대표하기에는 치명적인 약점이 있다는 사실을 알게 되었다.
사자는 하늘과 물에서 살 수가 없었다. 독수리는 하늘에서만 강하고 물에서는 살 수 없었다. 고래는 물 밖의 생활 자체가 불가능했다. 그래서 동물들은 육지, 하늘, 물의 세 지역에서 모두 살 수 있는 동물을 왕으로 선택하기로 했다.
그 결과 어이없게도 오리가 왕으로 추대받았다.

1. 위의 결정에 대한 당신의 생각은 어떠한가요?

2. 위 문제의 핵심은 무엇인가요?

3. 추대받은 각 동물이 왕이 되었을 때 장단점은 무엇인가요?

4. 합리적으로 결정하기 위해서는 어떠한 방법이 있을까요? 누가 왕이 되어야 가장 합리적이라고 할 수 있을까요?

창의적 문제해결

PART 04

문제해결 실행능력

❐ **학습목표**

1. 의사결정과 의사결정에 고려할 요소를 이해할 수 있다.
2. 의사결정방법, 상황변수 및 규칙을 이해할 수 있다.
3. 의사결정의 윤리성과 집단사고의 문제점을 이해할 수 있다.
4. 학습한 내용을 실제 의사결정에 적용할 수 있다.

CHAPTER

10 문제해결을 위한 의사결정

1. 의사결정이란 무엇인가?

우리는 하루에도 수없이 많은 의사결정을 내린다. 작고 사소한 사안에서부터 자신이나 주변 사람들에게 커다란 영향을 미칠 수 있는 중요한 문제에 이르기까지 결정을 기다리고 있는 과제는 우리의 일상이다. 의사결정과 실천은 우리 삶 그 자체이며 변화와 발전의 원동력을 제공하는 중요한 요인이라 할 수 있다. 삶은 의사결정의 연속이고 수많은 선택이 인류의 역사를 형성하고 미래의 나를 만든다. 그러므로 항상 올바른 의사결정을 할 필요가 있다.

(1) 의사결정(意思決定, decision making)

의사결정이란 일정한 목적을 효과적으로 달성하기 위한 여러 대안 중에서 하나의 행동을 고르는 일을 해내는 인간의 정신적 지각활동이다. 모든 의사결정의 과정은 하나의 최종선택을 가지게 되며 이 선택의 결과로 어떤 행동 또는 선택에 대한 의견이 나온다.

(2) 의사결정의 절차

의사결정의 절차는 문제해결의 절차와 거의 동일하며 합리적으로 의사결정을 하려면 다음의 과정을 거친다. 이러한 절차는 합리적 의사결정 모델이라고 부르며, 가장 일반적으로 사용되는 방법이다.

① 문제정의: 결정을 내려야 할 문제를 명확하게 정의하고 목표를 설정한다.
② 정보수집: 관련된 정보와 데이터를 수집하고 분석한다.
③ 대안도출: 가능한 대안을 찾고 각각의 장단점을 비교한다.
④ 대안평가: 근거에 기반하여 최선의 대안을 선택한다.
⑤ 대안실행: 선택한 대안을 실행하고 결과를 모니터링한다.
⑥ 결과 평가: 의사결정의 효과와 영향을 검토하고 필요한 조치를 취한다.

(3) 의사결정 점검

다음은 의사결정을 돕기 위한 질문이다. 의사결정을 잘하기 위해서는 다음과 같은 질문을 고려해야 한다.

의사결정 질문	Yes	No
무엇을 결정하여야 하는가?		
언제(까지) 결정하여야 하는가?		
누가 결정하는가?		
결정에 앞서 누구와 상의해야 하는가?		
결정을 승인, 혹은 거부할 사람은 누구인가?		
결정사항에 대해 누구에게 알려야 하는가?		

① 무엇을 결정하여야 하는가?

이 질문은 결정을 내려야 할 문제를 명확하게 정의하고, 결정의 목적과 의미를 파악하고, 문제해결의 목표와 과정, 그리고 예상되는 결과를 인식하는 데 도움이 된다. 이 질문을 통해 결정의 범위와 방향을 설정할 수 있다.

② 언제(까지) 결정하여야 하는가?

이 질문은 결정에 필요한 시간과 기한을 고려하는 데 도움이 된다. 결정에 시간이 너무 많이 걸리면 기회를 잃거나 문제가 악화될 수 있다. 반면, 결정에 시간이 너무 적게 걸리면 충분한 정보와 분석이 부족하거나 실수할 수 있다. 따라서 적절한 시간을 정하고 그 안에서 결정을 내리는 것이 중요하다.

③ 누가 결정하는가?

이 질문은 결정권자와 관련된 사람들을 파악하는 데 도움이 된다. 결정권자는 문제에 대한 책임과 권한을 가진 사람이다. 관련된 사람들은 문제에 영향을 받거나 영향을 줄 수 있는 사람들이다. 이들의 의견과 관점을 듣고 고려해야 하고 결정권자와 관련된 사람들이 서로 협력하고 소통할 수 있는 방법을 찾는 것이 중요하다.

④ 결정에 앞서 누구와 상의해야 하는가?

이 질문은 결정에 필요한 정보와 조언을 얻을 수 있는 사람들을 파악하는 데 도움이 된다. 의사결정의 동반자는 문제와 과제에 대한 전문지식이나 경험이 있는 사람들이나, 도움을 주는 사람들, 인생의 멘토들 등이 될 수 있다. 이들과 상의하면 다양한 관점과 통찰력을 얻을 수 있으며, 잠재적인 위험과 기회를 발견할 수 있다.

⑤ 결정을 승인, 혹은 거부할 사람은 누구인가?

이 질문은 결정의 결과에 영향력이 있는 사람들을 파악하는 데 도움이 된다. 결정을 승인하거나 거부할 수 있는 사람들은 최종적으로 결정의 성공 여부를 좌우하므로 이들의 기대치와 요구사항을 충족시키기 위해 노력해야 한다. 최종 결정권자는 결정에 대한 최종적인 책임과 권한을 가진 사람이다. 최종 결정권자가 누구인지 명확하게 알고, 그에게 적절한 근거와 설득력 있는 제안을 하여 결정을 승인받는 것이 중요하다.

⑥ 결정사항에 대해 누구에게 알려야 하는가?

이 질문은 결정의 공유와 확산을 위해 필요한 사람들을 파악하는 데 도움이 된다. 결정사항에 대해 알려야 하는 사람들은 결정의 실행과 평가에 참여하거나 영향을 받는 사람들이다. 이들에게 결정의 목적과 과정, 그리고 결과를 명확하게 전달하면 결정의 이해와 수용도를 높일 수 있다. 또한 결정의 피드백과 개선을 위해 이들과 지속해서 소통하는 것이 좋다.

(4) 의사결정방법

① 합의에 의한 의사결정

이 유형은 모든 구성원이 동의하거나 적어도 반대하지 않는 결정을 내리는 방법이다. 이 유형은 구성원의 참여와 만족도를 높이고, 다양한 관점과 정보를 고려할 수 있다. 하지만 시간이 오래 걸리고, 동조 압력이나 소수의 지배 현상이 발생할 수 있다.

② 협의에 의한 의사결정

이 유형은 구성원들의 의견을 듣고 고려한 후, 결정권자가 최종적으로 결정을 내리는 방법이다. 이 유형은 구성원들의 참여와 정보 공유를 촉진하고, 결정권자가 책임을 지는 장점이 있다. 하지만 구성원들의 의견이 충분히 반영되지 않거나, 결정권자가 편향된 판단을 할 수 있다.

③ 권위에 의한 의사결정

이 유형은 결정권자가 혼자서 결정을 내리는 방법이다. 이 유형은 시간이 적게 걸리고, 명확하고 일관된 결정을 할 수 있다. 하지만 구성원들의 참여와 수용도가 낮고, 결정권자가 잘못된 판단을 할 수 있다.

④ 다수결에 의한 의사결정

이 유형은 구성원들의 투표를 통해 가장 많은 지지를 받는 대안을 선택하는 방법이다. 이 유형은 빠르고 간단하게 결정을 할 수 있고, 구성원들의 참여와 민주적인 분위기를 조성할 수 있다. 하지만 소수의 의견이 무시되거나, 투표 결과가 곧바로 실행되지 않거나, 투표 과정에서 갈등이 발생할 수 있다.

2. 의사결정의 변수

의사결정의 변수로는 의사결정의 질과 의사결정의 수용성이 있다.

의사결정의 질은 의사결정이 얼마나 효과적이고 합리적인지를 나타내는 정도이다. 의사결정의 질은 선택한 대안이 문제를 해결하고 목표를 달성하는 데 얼마나 도움이 되는지와 대안의 장단점, 비용과 편익, 위험과 기회 등을 얼마나 고려하고 균형 있게 평가하는지에 따라 달라진다.

의사결정의 수용성은 의사결정이 그것을 집행할 구성원들에 의해 얼마나 수용되고 지지되는지를 나타내는 정도이다. 의사결정의 수용성은 의사결정의 실행과 결과에 영향을 미친다. 의사결정의 수용성이 높으면 구성원들은 의사결정에 적극적으로 참여하고, 책임감을 가지고, 협력적으로 행동한다. 반면, 의사결정의 수용성이 낮으면 구성원들은 의사결정에 무관심하거나, 반대하거나, 저항할 수 있다.

(1) 의사결정 질과 관련한 상황 속성

① 의사결정의 중요성

이 속성은 의사결정이 조직에 얼마나 중대한 영향을 미치는지, 그리고 하급자들이 의사결정에 얼마나 관심이 있는지를 나타낸다. 의사결정의 중요성이 높으면 리더는 하급자들의 참여와 수용도를 고려해야 하며, 의사결정의 질을 향상시키기 위해 다양한 정보와 관점을 활용해야 한다. 반면, 의사결정의 중요성이 낮으면 리더는 혼자서 빠르고 간단하게 결정을 내릴 수 있다.

② 리더의 정보수준

이 속성은 리더가 문제와 대안에 대해 얼마나 잘 알고 있는지, 그리고 하급자들보다 얼마나 더 많은 정보를 가졌는지를 나타낸다. 리더의 정보수준이 높으면 리더는 자신의 판단력과 지식을 활용하여 독단적으로 결정을 할 수 있다. 반면, 리더의 정보 수준이 낮으면 리더는 하급자들에게 정보를 요청하거나 제안을 듣거나 위임할 필요가 있다.

③ 문제의 구조화

이 속성은 문제가 얼마나 명확하고 일관되게 정의되어 있는지, 그리고 문제를 해결하기 위한 기준이 얼마나 확실하고 합리적인지를 나타낸다. 문제가 구조화되어 있으면 리더는 문제를 쉽게 파악하고 분석할 수 있으며, 객관적이고 논리적인 기준에 따라 최선의 대안을 선택할 수 있다. 반면, 문제가 구조화되어 있지 않으면 리더는 문제를 명확하게 이해하거나 정의하기 어렵고, 주관적이고 비합리적인 기준에 따라 대안을 평가할 위험이 있다.

(2) 의사결정의 수용성과 관련한 상황 속성

① 수용의 중요성

이 속성은 결정 사항의 실천에 구성원의 의사결정 수용이 얼마나 중요한 영향을 미치는지, 그리고 구성원들이 의사결정에 얼마나 관심이 있는지를 나타낸다. 수용의 중요성이 높으면 구성원들은 의사결정에 대해 더 많은 정보와 피드백을 원하고, 자신의 의견과 관점을 표현하고자 한다. 따라서 리더는 구성원들의 참여와 소통을 촉진하고, 의사결정의 근거와 목적을 명확하게 전달해야 한다. 반면, 수용의 중요성이 낮으면 구성원들은 의사결정에 대해 덜 신경 쓰고, 리더의 판단을 신뢰하고 따르기 쉽다. 따라서 리더는 간단하고 명확하게 결정을 내리고 실행할 수 있다.

② 독단결정의 수용성

이 속성은 구성원들이 리더가 혼자서 결정을 내리는 것을 얼마나 받아들일 수 있는지를 나타낸다. 독단결정의 수용성이 높으면 구성원들은 리더가 자신의 권한과 지식을 활용하여 효율적이고 일관된 결정을 할 것이라고 기대하고, 리더의 결정에 복종하고 존중한다. 따라서 리더는 빠르고 간단하게 결정을 내리고 집행할 수 있다. 반면, 독단결정의 수용성이 낮으면 구성원들은 리더가 자신의 권한과 지식을 남용하여 임의적이고 편향된 결정을 할 것이라고 우려하고, 리더의 결정에 반대하거나 비판한다. 그러므로 리더는 구성원들의 의견과 관점을 듣고 고려하고, 의사결정의 근거와 설득력 있는 제안을 해야 한다.

③ 목표공유

이 속성은 구성원들이 의사결정의 목표와 방향에 대해 얼마나 공감하고 동일시하는지를 나타낸다. 목표 공유도가 높으면 구성원들은 의사결정이 자신의 이익과 가치와 일치하고, 조직의 성공과 비전에 기여한다고 인식하고, 의사결정에 대해 긍정적인 태도와 행동을 보인다. 따라서 리더는 구성원들의 참여와 수용도를 높이고, 의사결정의 효과와 결과를 증대시킬 수 있다. 반면, 목표공유가 낮으면 구성원들은 의사결정이 자신의 이익과 가치와 상충하고, 조직의 성공과 비전에 방해된다고 인식하고, 의사결정에 대해 부정적인 태도와 행동을 보인다. 그러므로 리더는 구성원들의 저항과 갈등을 줄이고, 의사결정의 목적과 과정을 명확하게 전달해야 한다.

④ 구성원 간 갈등

이 속성은 구성원들이 의사결정에 대해 얼마나 다른 의견과 관점을 가졌는지, 그리고 그것을 얼마나 강하게 주장하는지를 나타낸다. 구성원 간 갈등이 많으면 구성원들은 의사결정에 대해 서로 다른 입장과 요구를 가지고, 그것을 공개적으로 표현하고, 타협하기 어렵다. 그리고 의사결정 사항을 쉽게 받아들이지 않는다. 따라서 리더는 구성원들의 갈등을 조정하고, 합의를 이끌어내고, 의사결정의 공정성과 정당성을 보장해야 한다. 반면, 구성원 간 갈등이 낮으면 구성원들은 의사결정에 대해 비슷한 입장과 요구를 가지고, 그것을 적극적으로 표현하지 않고, 타협하기 쉽다. 이때 리더는 구성원들의 참여와 창의성을 촉진하고, 의사결정의 질과 다양성을 향상할 수 있다.

다음의 규칙을 고려하면 의사결정의 질과 구성원의 수용도를 증진할 수 있다.

- 규칙 1: 리더로서 사안에 대한 정보를 충분히 갖고 있지 않으면 독단하지 말라
- 규칙 2: 규칙이나 구성원들이 조직의 목표를 공유하고 있지 않을 때 중요한 사항을 위임해서는 안 된다.
- 규칙 3:구조화되지 않은 중요한 사안에 대해서는 집단토론방식을 활용하여 대의를 모아라.
- 규칙 4: 구성원들이 거부감을 갖고 있든가 반발하는 상황에서는 독단하지 말라.
- 규칙 5: 구성원들 간에 의견이 상충할 때는 집단토론을 통하여 견해차를 해소할 기회를 주어야 한다.
- 규칙 6: 사소한 문제지만 리더가 혼자서 결정했을 때 구성원들의 반발이 예상되면 위임해버리라.
- 규칙 7: 구성원들이 조직의 목표를 공유하는 상황에서 특정 사안에 대한 반발이 예상되면 역시 위임해야 한다.

3. 의사결정의 윤리성

의사결정에 앞서 가장 먼저 확보되어야 할 것이 의사결정의 윤리성이다. 의사결정의 윤리성이란 의사결정이 얼마나 도덕적이고 정당한지를 나타내는 정도이다. 의사결정이 자신과 타인, 그리고 사회와 환경에 미치는 영향을 고려하고, 기본적인 가치와 원칙을 준수하고, 이해관계자들의 권리와 책임을 존중하고, 공정하고 투명하게 행하는 것을 의미한다. 의사결정의 윤리성이 중요한 이유는 다음과 같다.

(1) 의사결정의 윤리성은 신뢰와 명성을 쌓는 데 도움이 된다

의사결정이 윤리적이면, 의사결정자는 자신의 행동에 대해 책임감과 자신감을 가질 수 있으며, 타인으로부터 존중과 인정을 받을 수 있다. 반면, 의사결정이 비윤리적이면, 의사결정자는 자신의 행동에 대해 후회와 죄책감을 느낄 수

있으며, 타인으로부터 비난과 경멸을 받을 수 있다.

(2) 의사결정의 윤리성은 성과와 효율성을 높이는 데 도움이 된다

의사결정이 윤리적이면, 의사결정자는 문제를 해결하고 목표를 달성하는 데 필요한 정보와 자원을 쉽게 얻을 수 있으며, 협력과 혁신을 촉진할 수 있다. 반면, 의사결정이 비윤리적이면, 의사결정자는 문제를 악화시키고 목표를 달성하는 데 필요한 정보와 자원을 잃거나 낭비하며, 갈등과 위기를 초래할 수 있다.

(3) 의사결정의 윤리성은 사회적 책임과 지속가능성 실현에 도움이 된다

의사결정이 윤리적이면, 의사결정자는 자신의 행동이 사회와 환경에 미치는 영향을 고려하고, 사회적 가치와 공익을 추구하며, 세대 간 공정성과 인권보장을 실천할 수 있다. 반면, 의사결정이 비윤리적이면, 의사결정자는 자신의 행동이 사회와 환경에 미치는 영향을 무시하고, 개인적 이익과 이기심을 추구하며, 세대 간 불평등과 인권침해를 일으킬 수 있다.

윤리성을 확보하기 위해서는 의사결정에 다음의 원칙을 대입해 볼 필요가 있다.

- 공개의 원칙 : 의사결정 기준이 공개되더라도 떳떳할 수 있는가?
- 분배정의의 원칙 : 개인에 대한 평가나 보상의 기준이 임의적이지 않은가?
- 불가피성의 원칙 : 같은 상황에서 누가 결정을 하더라도 똑같은 선택을 할 수밖에 없는가?
- 역지사지의 원칙 : 자신의 결정에 영향을 받는 사람들의 관점에서 받아들일 수 있는 선택인가?

4. 집단사고

(1) 집단사고(Groupthink)란?

집단사고란 의견의 일치를 이루어내려는 유형/무형의 압력 때문에 비합리적인 의사결정이 이루어지는 현상을 의미한다. 집단사고는 기업에서의 의사결정 과정과 관련해서도 중요하다.

> 사례: 냉전이 고조되고 있던 1961년 미국의 케네디 정부는 미국에 망명한 쿠바인 3천 명을 쿠바의 피그만에 상륙시켜 카스트로 정부를 전복시키려 했다. 그러나 상륙한 3천 명 대부분은 현장에서 사살되거나 체포되었다. 당시 각료 회의에 참석했던 안보 보좌관에 따르면, 상륙 지점과 집결지 간에 펼쳐져 있던 광활한 늪지가 고려되지 않는 등 문제가 많은 계획이었지만, 각료 회의에서 그 계획에 반대하는 사람은 없었다고 한다.

학자들은 이런 엉터리 같은 계획이 아무런 반대 없이 실행된 것이 바로 집단사고의 결과라고 주장하고 있다. 합리적인 의사결정을 위해서는 구성원 간 의견 일치를 강요하는 집단사고 현상을 방지하는 노력이 필요하다.

(2) 집단사고의 원인

집단사고의 발생 원인을 세 가지 차원으로 정리하면 아래와 같다.

첫째, 의사결정 집단이 강한 '우리(We) 의식' 속에 쌓여 있을수록 집단사고의 발생 가능성은 커진다. '우리' 의식이 강한 집단일수록 만장일치의 환상 속에 집단의 결정에 동조하지 않는 의견이나 태도를 배척하는 경향이 있기 때문이다.

둘째, 권위주의적 리더가 존재할 때 집단사고의 발생 가능성은 커진다. 이러한 집단의 구성원들은 권위주의적 리더가 선호하는 안에 대해서 반대하지 못하고 의사결정 과정에서 소극적이기 쉽다.

셋째, 집단사고는 의사결정의 중요도가 높을수록, 의사결정을 해야 하는 시간적 제약이 심할수록 발생 가능성이 커진다. 의사결정을 해야 하는 사람들은 이런 스트레스가 심한 상황에서 다양한 의견을 수렴하고 체계적으로 평가하고 토론하는 과정을 피하려는 경향이 있기 때문이다.

(3) 집단사고 대처 방안

집단사고에 어떻게 대처하는가 하는 것은 나와 조직, 국가의 운명을 좌우할 수도 있다. 특히 우리나라의 기업들은 단결이 강조되고 다른 의견을 표출하면 부정적으로 취급하는 집단주의적 문화를 가지고 있을 뿐 아니라, 권위적인 리더십이 주로 발휘되는 체제이다. 따라서 집단사고의 위험이 크므로 충분히 대비해야 한다. 집단사고에 대처하기 위해서는

첫째, 제안에 대한 자유로운 비판이 가능한 분위기를 조성하는 리더십이 필요하다. 이를 위해서 리더는 구성원들이 의견을 자유롭게 이야기할 수 있도록, 특정 의견에 대해 지나친 선호나 기대를 표시하지 말아야 한다. 또한 리더는 이미 결정된 안을 가지고 구성원들의 의견을 떠보지 말아야 한다.

둘째, 다각도에서 의사결정의 질을 평가하는 제도적 장치가 필요하다. 제도적 장치의 예로는 한 명 이상의 구성원에게 '건설적인 비판자(Devil's Advocate)' 역할을 부여하거나, 전체 집단을 여러 하위 집단으로 나누어 토론하게 하거나, 의사결정에 외부 인사를 참여하게 하는 것 등을 들 수 있다.

셋째, 의사결정 집단의 모든 구성원이 집단사고를 경계하도록 훈련받아야 한다. 이를 위해서는 집단사고의 원인과 징후, 결과에 대해서 집단 구성원들이 숙지하도록 하고, 일단 결정이 내려지더라도 늘 다시 점검해서 생각해보는 자세를 갖추도록 교육해야 한다.

5. 의사결정이 실패하는 이유와 성공적 의사결정의 방법

(1) 의사결정 실패의 함정

① 눈으로 보는 것만 현실이다

첫 번째 함정은 눈에 보이는 것만을 현실이라고 믿는 것이다. 두 눈으로 직접 보지 못하거나 경험하지 않은 것은 현실에서 발생하지 않을 것이라고 착각하는 것이다. 이런 경우, 항상 보던 방식대로 사물을 바라보는 '관점의 고착화'가 발생한다. 전체적 관점에서 환경을 보지 못하고 좁은 시야에서 보기 때문에, 의사결정에 필요한 정보를 충분히 얻지 못하게 된다. 또한, 과거의 패턴이나 추세에 따라 현실을 바라보며, 자기에게 익숙한 과거의 대응 방식만을 활용하기도 한다. 이러한 현상은 다양한 산업/환경에서의 경험이 부족하거나, 특정 분야에만 오래 일해 생각과 관점의 폭이 좁아진 사람에게서 대부분 나타난다.

② 결정한 것은 끝까지 성공시켜야 한다

두 번째 함정은 이미 지나간 의사결정에 대한 미련과 집착이다. 비록 그것이 좋지 않은 결정이라 하더라도, 포기하기에는 너무 많은 투자나 노력을 기울였기 때문에 미련을 갖는 경우이다. 문제는 이런 과거에 대한 집착이 현재, 또는 미래의 전략적 방향 설정과 투자 등 중요한 의사결정에도 부정적인 영향을 미칠 수 있다는 것이다. 이런 함정에 빠지는 근본 이유는 자신의 실패를 공개적으로 인정하기 싫어하는 사람의 심리와 자기 실수를 인정하고 포기할 때 받게 되는 주위의 비난 때문이다. 물론 자존심에도 심각한 타격을 받게 된다. 잘못된 결정인 줄 알면서도 자존심과 체면을 지키기 위해 계속 진행하는 것이다. 때로는 조직 분위기가 의사결정자가 과거에 집착하도록 유도할 때도 있다. 예를 들어 실패에 대한 용서가 전혀 허용되지 않으면 잘못을 은폐하기 위한 노력을 더 많이 한다. 그 결과, 실제 중요한 정보가 왜곡되고 불필요한 자원이 투입되어 낭비되는 등의 부작용이 발생하게 된다. 이러한 함정은 지속해서 순탄하게 성장했거나 이미 많은 성공을 통해 대내외적으로 명성을 얻는 사람들이 쉽게 빠질 수 있다.

③ 과거 자료나 추세만을 중시한다

사람의 특성 가운데 하나는 자기 생각의 옳고 그름을 판단할 수 있는 기준점(프레임)을 찾는 것이다. 어떻게 행동해야 할지 불확실한 상황에서는 더욱 그러하다. 이러한 기준점은 심리적으로 편안함을 주고 판단의 척도로 사용될 수 있다는 장점이 있으나, 그런 것들에 너무 집착하면 잘못된 의사결정을 할 수 있다. 기준점으로 많이 활용되는 가장 대표적인 예가 과거의 자료나 추세를 통한 미래 예측인데 이러한 자료는 향후 상황을 예측하는 데 상당 부분 도움을 줄 수 있지만, 문제는 주어진 기준 외의 다른 요인에 관한 관심을 축소할 수도 있다는 것이다. 그리고 그 기준이 정말 옳은 것인지에 대해 근본적으로 사고하기보다는 기준에 의한 의사결정 자체만을 목적으로 삼는다면 중요한 요인들을 놓치거나 창의적, 혁신적 사고를 방해할 수 있다.

④ 자신의 능력을 과신한다

자신의 능력에 대한 과대평가도 의사결정 실패의 주요한 원인 중의 하나이다. 보통 '이 정도면 충분하다', '우리 회사의 현 위치를 보면, 달성할 수 있다'라는 식의 생각을 하는 사람이 전형적인 예이다. 자신이 모든 상황을 통제할 수 있다고 믿는 특성이 있으며, 아주 작은 확률의 상황은 거의 모든 의사결정 과정에서 배제한다. 이러한 함정은 과거의 성공 체험에 익숙하거나 시장에서 선도기업을 경영하는 사람에게서 자주 발생한다.

(2) 성공적 의사결정을 위한 포인트

① 다른 유형의 사람을 옆에 두어라

의사결정자가 다양한 관점에서 의사결정을 하기 위해서는 결정권자 주위의 사람을 다양하게 구성할 필요가 있다. 환경은 복잡해지고 정보는 훨씬 다양화되면서, 특정 사람이 모든 사안에 대해 깊이 파악하고 결정을 내리기는 힘들다. 따라서, 결정자에게 다양하고 신선한 정보를 제공하고, 결정자가 균형된 시각으로 의사결정을 할 수 있도록 다양한 배경과 지식을 가진 사람들을 주위에 포진시켜야 한다. 다양성 확보를 위해서는 조직 내부에서 자신과 성격이나 스타일이 다른 사람을 의도적으로 육성할 필요가 있다. 흔히, 자신의 후계자를 정하거나 팀원을 선발할 때, 자신과 비슷한 사람을 선발하려는 경향이 많이 있다. 심리적으로 실력이나 자질보다는 성격, 가치관, 태도 등이 자신과 비슷한 사람이 함께 일하기 편하기 때문이다. 그러나 너무 지나치면 언급한 바와 같이 생각과 관점의 다양성이 부족해질 수 있다.

② 현실을 냉철하게 직시하라

냉엄한 현실을 직시하면서 철저히 현실에 기반을 둔 의사결정을 해야 한다. 대내외 환경적 여건을 충분히 고려하지 않고, 낙관적·이상론적 사고로 의사결정을 하면 실패할 가능성이 크다. 최악의 상황이 발생할 확률이 낮다 하더라도, 이에 대처할 수 있는 시나리오를 준비할 필요가 있다. 따라서 최대한 다양한 경로를 통해 의사결정에 필요한 정보를 수집하고, 여러 상황들을 종합적으로 고려하여 냉철하게 결정해야 한다.

③ 가치 있는 실수는 과감히 포용하라

Cisco Systems사의 John Chambers 회장은 '실패는 할 수 있다. 그러나 실패로부터 배우지 않는 사람에게 줄 자리는 없다'라고 말하면서, 실패 자체보다는 실패로부터 배우지 않는 것을 경계한다. 의사결정의 질을 높이기 위해서 실수는 누구나 할 수 있다는 점을 인정하고 가치 있는 실수에 대해서는 충분히 배려하고 포용해야 한다. 잘못된 결정에 대한 비판과 질책만을 앞세울 경우, 거짓된 정보와 헛된 기대감에 휩싸여 왜곡된 의사결정을 할 수 있다.

④ 현장에서 정보를 얻어라

의사결정은 반드시 결정 사안과 관련된 현장을 직접 방문하고, 사실(Fact)에 기초해야 한다. 머릿속에 있는 가설적 추론에 의존한 결정은 실제 원하는 결과와 많은 괴리를 보일 수 있다. 보통 경영진 또는 조직의 리더는 최종 보고서를 보고 의사결정을 하는 경우가 많다. 이럴 경우 그러한 최종 보고서가 만들어지는 과정에서의 수많은 논의와 현실에 대해 잘 모를 수 있다. 따라서, 경영진이 보고서를 만드는 팀의 의사결정 과정에 참여하여 직접 이야기를 듣는 것도 의사결정의 성공률을 높일 수 있는 좋은 방법이다.

⑤ 자신에게 솔직해야 한다.

의사결정은 결국 자신에게 얼마나 정직한 가의 문제이다. 모르는 부분이 있으면 솔직히 인정하고, 다른 사람에게 조언을 얻어서 더 나은 의사결정을 내리려는 자세를 가져야 한다. 자신의 과오나 부족함을 인정하지 않는 사람은 절대 훌륭한 결정을 내릴 수 없다. 이를 위해서는 자신의 장단점을 충분히 파악할 수 있는 감성적 역량이 확보되어야 한다. 스스로를 알지 못하는 사람은 타인에게도 정직하지 못하다. 자기를 아는 사람만이 타인의 의견과 관점도 충분히 수용할 수 있으며, 부족한 부분을 개선하기 위해 노력할 수 있다. 특히, 의사결정 과정에서 실수하더라도, 이를 숨기기보다는 솔직히 인정하고 문제가 크게 확대되지 않도록 대안을 마련해야 한다. 중요한 점은 다시는 같은 실수를 범하지 않도록 원인을 철저히 파악하고, 그로부터 학습을 통해 의사결정 능력을 개발하는 노력을 부단히 해야 한다는 것이다.

워크시트 1

당신은 합의에 의한 의사결정, 협의에 의한 의사결정, 권위에 의한 의사결정, 다수결에 의한 의사결정 중 어떤 의사결정방법을 주로 사용하는가? 그 이유는 무엇인가?

워크시트 2

과거의 중요 의사결정 경험을 토대로 나의 빛나는 미래 설계를 위한 아이디어를 다음 절차에 따라 찾아보자. 이에 대한 각자의 생각을 정리하고, 자신의 의견을 제시해보자.

1. 지금까지 자신이 의사결정했던 주요 이슈 세 가지 정도에 대해 생각해보고, 각각의 상황에서 어떤 선택을 했는지 확인한다.

2. 중요 의사결정 순간에 그 선택을 하게 된 상황이나 이유, 기준에 대해 생각해 본다.

3. 중요한 의사결정의 결과에 대해 지금은 어떻게 생각(긍정적, 아니면 부정적)하는가? 이러한 과정을 통해 나온 결과를 토대로 앞으로 중요한 선택을 할 때 어떤 사항을 점검해야 할지에 대한 의견을 제시한다.

주요 의사결정 이슈	선택(결정) 기준과 이유	선택의 결과 (영향)	의사결정 지혜

워크시트 3

부모님의 60세 생신이다. 어떤 선물을 해야 할까?

•대안 마련하기

최종 후보 대안	대안 1	
	대안 2	
	대안 3	
	대안 4	

•대안을 평가할 기준 마련하기

최우선으로 고려할 기준	
두 번째로 고려할 기준	
마지막으로 고려할 기준	

•대안 평가하기: 대안을 각 기준에 따라 0~5점으로 평가해보자.

구분	대안 1	대안 2	대안 3	대안 4
첫 번째 기준				
두 번째 기준				
세 번째 기준				

•최종 결정된 대안은?

❐ **학습목표**

1. 퍼실리테이션의 개념, 기능, 특징을 이해하고 설명할 수 있다.
2. 퍼실리테이션의 효과를 설명할 수 있다.
3. 퍼실리테이터가 갖추어야 할 역량이 무엇인지 설명할 수 있다.
4. 퍼실리테이션 모형을 이해하고 적용할 수 있다.
5. 퍼실리테이션을 문제해결에 실제 적용할 수 있다.

CHAPTER

11 퍼실리테이션

1. 퍼실리테이션의 필요성

오케스트라에 다양한 악기의 소리를 하나로 모으는 기술을 가진 지휘자가 필요하듯, 문제해결을 혁신적으로 하기 위해서는 사람들의 마음과 지혜를 모으는 기술을 가진 소통(소통(疏通): '막힌 것을 뚫는다') 전문가가 필요하다. 퍼실리테이션은 가능성과 잠재력을 존중한 자유로운 의사소통의 기술이다. 다양한 인종과 배경을 가진 인재들이 창의적인 집단 연구를 통해 인류를 움직이는 기술을 개발하여 과학의 혁명을 일으키고 있다. 창의적 사고와 예술적 감성, 문화적 소양의 융합을 통해 새로운 발견과 발명으로 이어지고 있고, 이러한 활동들을 통해 탄생한 대표적인 산물이 바로 '스마트폰'이다. 이런 소통과 협동을 통한 공동작업에 필요한 기술이 바로 퍼실리테이션이고, 이때 토론이 활성화되고 문제해결 및 의사결정이 쉽게 이루어지도록 집단적 시너지 창출을 돕는 사람이 바로 퍼실리테이터이다. 이제 우리 사회는 융합의 능력을 이끌어내는 소통의 역량을 가진 전문 퍼실리테이터를 필요로 하고 있다.

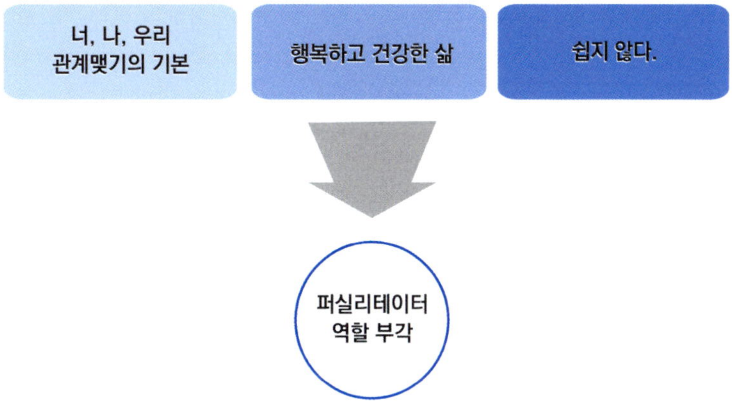

2. 퍼실리테이션(Facilitation)이란?

(1) 개념

퍼실리테이션(Facilitation)은 불어의 Facile(쉽다)에서 유래되었다. 이는 '용이한, 쉬운, 경쾌하게 움직이는'이라는 의미이다. 퍼실리테이션은 효과적인 커뮤니케이션, 지식관리, 그룹 에너지의 유지를 통해 팀, 커뮤니티 등 조직이 견고하게 형성되도록 돕는 활동으로, 집단 구성원 간, 사람들 사이에 소통과 협력이 활발하게 일어나 시너지가 생기도록 돕는 행위이다. 퍼실리테이션(Facilitation)은 좀 더 쉽게 문제해결에 도달하도록 돕는다.

① 그룹의 협력을 이끌어 가는 다양한 종류의 워크숍과 회의에서 전체적인 프로세스 설계와 실행을 총괄하는 중립적 활동

② 테마 선정, 참석자 선정, 절차설계, 양식 정의, 미팅 진행, 그룹 활동과 토론의 총괄 등을 중립적으로 진행하는 촉진 활동

(2) 퍼실리테이터(Facilitator)

퍼실리테이션 관련 기술들을 잘 이해하고 프로젝트나 회합 등을 성공적으로 이끄는 사람을 퍼실리테이터라고 한다.

퍼실리테이션은 '소통의 기술'이라 할 수 있으며, 퍼실리테이터는 질문, 경청, 기록, 관찰 등의 역량을 발휘하고 다양한 도구와 기법을 활용하여, 서로 다른 사람들의 소통 과정을 촉진하여 공감대를 형성하고 합의에 이르도록 의사결정을 도와준다.

(3) 퍼실리테이션의 확산

퍼실리테이션이라는 용어는 1960년대 미국에서 집단에 의한 학습 촉진 기법으로 개발되면서부터 사용되었다. 현재 사회는 통합과 연계, 그리고 유연성을 기초로 혁신적인 생산성 향상과 시너지를 창출할 수 있는 통섭과 융합이 필요하다. 따라서 구성원 간 상호작용의 활성화 및 통합적 관계가 더욱 필요해지고 개인 역량 중심의 조직 운영에서 팀 연결과 협력을 중시하는 조직으로 조직 문화가 변화하고 있다. 퍼실리테이션은 효율적인 회의 진행 및 현장 밀착형 업무 혁신 수단으로 조직 문화를 개선하는 혁신기법으로 활용된다. 이에 퍼실리테이션

이 확산되고 있는 추세이다.

※학습의 예로 살펴본 퍼실리테이션의 장점

퍼실리테이션은 학습자들의 참여를 촉진함으로써 수동적인 학습 방법에 비해 학습자의 평균 기억률을 향상하는 효과가 있다. 예를 들어 수업을 듣기만 하면 기억률이 5% 정도지만, 스스로 가르쳐보면 평균 기억률이 90%로 매우 높다. 아래 그림에서 나타난 바와 같이 수동적 학습보다 참여적 학습이 평균 기억률이 높고, 상호 소통의 강도가 높아질수록 평균 기억률이 높아진다.

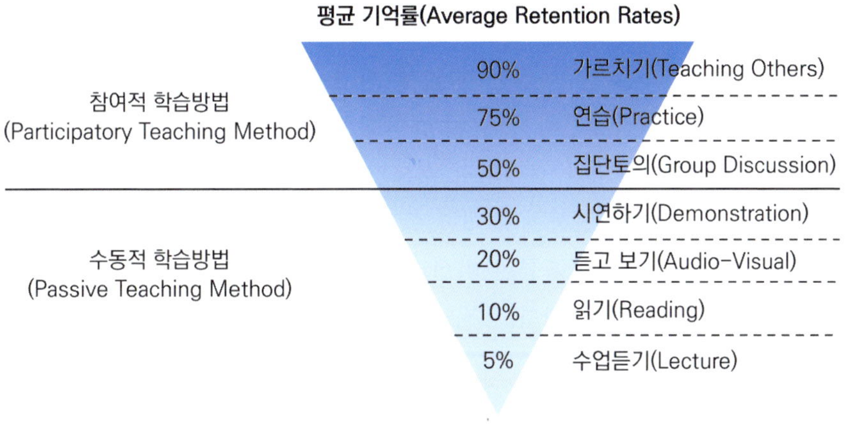

| 그림 11-1 | 학습형태에 따른 평균 기억률

(4) 퍼실리테이션의 특징

① 체계적인 절차에 의해 쌍방향 커뮤니케이션이 이루어진다.

퍼실리테이션은 기본적으로 대화를 통해서 문제에 접근하는 방식이므로, 대화와 소통 스킬이 중요하다. 퍼실리테이션을 활용하면 과학적이고 체계적인 절차와 방법에 따라 퍼실리테이터와 참여자 간에 소통이 이루어지고 이를 기반으로 최적의 결과물을 도출한다. 진정한 소통은 최적의 결과물을 얻기 위한 핵심 요소이다. 따라서 퍼실리테이터는 쌍방 소통에 필수적인 질문과 경청의 기술 습득과 집단 소통을 위한 제반 여건 조성에 최선을 다해야 한다.

② 다양한 기법과 도구를 활용한다.

퍼실리테이션은 다른 어떤 기법보다 다양한 도구와 실용적인 기법을 활용한다. 여러 여건에 적합하게 기획된 프로세스에 따라 충분한 소통과 토론을 촉진하고, 결론은 만장일치나 합의로 끌어내는 것이 원칙이다. 이를 위해 퍼실리테이터는 각 진행단계별 적합한 기법들을 선정하고, 사전에 준비하여 진행에 문제가 없도록 최선을 다한다.

③ 확산과 수렴이 연속적으로 발생한다.

퍼실리테이션 과정은 전체와 단계별로 확산과 수렴의 특징이 있다. 아이디어 수집을 위해 전체적으로 확장되고, 합의와 결론 도출을 위해 넓혀진 사고를 단계적으로 수렴해가는 과정이 반복적으로 필요하다.

④ 토론에 의한 합의의 도출

퍼실리테이션의 가장 큰 특징은 합의에 따라 의사결정과 결론이 도출된다는 것이다. 합의는 이해 관계자의 80% 이상이 찬성하고 나머지 20%도 반대하지 않는 수준을 의미한다. 합의가 전제되지 않으면 반대하는 집단의 저항이 발생한다. 발생하는 많은 갈등은 결정사항에 대한 합의 부족에 원인이 있으며, 이는 소통의 결핍이 주원인이다. 따라서 훌륭한 퍼실리테이터는 진행을 매끄럽게 하여 합의에 의한 의사결정을 도출해야 한다.

(5) 퍼실리테이션 효과

① 다수 구성원들의 진정한 참여와 몰입을 유도한다.

퍼실리테이션은 구성원들의 참여가 전제이다. 따라서 구성원들이 몰입하는데 탁월한 방법이다.

② 구성원 주도 결정을 통한 강한 실행력 확보

구성원들이 스스로 참여하고 결정하므로 결정 사항에 대해 주인의식이 함양되고 동기가 높다. 업무추진에도 강력한 실행동력이 확보되므로 이를 통한 시간단축은 물론 질적인 면에서도 상호신뢰가 형성된다.

③ 다양한 체험과 학습을 통한 자기 변화와 발전

퍼실리테이션은 단순한 지식 전달이 아니라 참여자들의 경험과 생각을 바탕으로 지식을 생성하고 공유하는 활동이다. 퍼실리테이션은 체험학습의 원리를 따르며, 참여자들은 구체적 경험, 반성적 관찰, 추상적 개념화, 능동적 실험의 순환적 구조를 통해 학습하게 된다. 퍼실리테이션의 여러 방법은 구성원들이 끊임없이 변화하고 발전하도록 자극한다. 즉, 개인은 퍼실리테이션의 전체 프로세스상에서 수많은 시행착오를 다양한 방법으로 극복하면서 미개척 분야에 대한 상호 학습과 이를 통한 도전적인 자극을 교환한다.

④ 조직과 집단의 새로운 문화 창출

퍼실리테이션은 자율성과 주체적인 참여 활동을 강화하므로 조직의 문화가 혁신적으로 변화할 가능성을 제시한다. 원활한 의사소통은 조직의 내부적인 결속력을 강화할 뿐만 아니라 미래의 방향과 목표에 대한 구성원들 간의 공감대 형성 수준을 높여 집단에 대한 밀착도를 증가시킨다. 결국 많은 참여자는 필요한 일을 스스로 찾아 문제를 해결하고, 창의적이고 보다 지향적인 일을 추구하는 방향으로 노력하게 된다. 또한 퍼실리테이션은 조직 내에서 협업과 혁신을 촉진하는 수단이 된다. 이에 퍼실리테이션은 조직 문화를 개선하고, 조직 구성원들의 역량과 만족도를 높이고, 사회적 문제에 대한 해결책을 모색하고, 다양한 이해관계자들의 목소리를 반영하고, 사회적 합의를 도출하는 방법으로 활용된다. 그러므로 퍼실리테이션은 사회적 변화와 혁신에도 기여한다.

3. 퍼실리테이션의 활용

(1) 퍼실리테이션의 구성

퍼실리테이션은 준비영역, 프로세스영역, 이론과 기술영역, 퍼실리테이션 영역의 4개 영역으로 구성된다.

① 준비영역

준비영역은 퍼실리테이션을 위한 사전 계획과 준비를 하는 과정이다. 준비영역에서는 미팅의 목적과 범위, 참여자와 이해관계자, 이슈와 문제점, 기본 프레임과 로드맵, 미팅 환경과 자료 등을 분석하고 정리한다. 준비영역은 퍼실리테이션의 성공 여부를 결정하는 중요한 단계이다.

② 프로세스 영역

프로세스 영역은 퍼실리테이션의 진행 과정과 절차를 설계하고 적용하는 과정이다. 프로세스 영역에서는 퍼실리테이션의 목적과 방법, 진행단계와 시간, 주요 활동과 위치, 도구와 기법 등을 결정하고 실행한다. 프로세스 영역은 퍼실리테이션의 효율성과 효과성을 높이는 핵심적인 단계이다.

③ 이론과 기술영역

이론과 기술영역은 퍼실리테이션의 개념과 원리, 기법과 도구를 이해하고 활용하는 과정이다. 이론과 기술영역에서는 퍼실리테이션의 철학과 역할, 태도와 윤리, 이론과 모형, 문제해결 방법론, 도구와 기법 등을 학습하고 숙지한다. 이론과 기술영역은 퍼실리테이션의 전문성과 신뢰성을 갖추는 필수적인 단계이다.

④ 퍼실리테이션 영역

퍼실리테이션 영역은 퍼실리테이션의 실제 수행과 평가를 하는 과정이다. 퍼실리테이션 영역에서는 프로세스를 관찰하고 관리하고, 도구와 기법을 적절하게 적용하고, 참여자들의 의견을 촉진하고 조율하여 합의를 도출하고, 결과물을 정리하고 평가한다. 퍼실리테이션 영역은 퍼실리테이션의 결과물과 만족도를 증진시키는 결정적인 단계이다.

준비 영역 25%
- 미팅의 사전 계획
- 미팅을 위한 환경 이해
- Issue 명확화
- 기본 프레임 정비
- Road Map 준비

프로세스 영역 25%
- Process 이해
- 진행 단계의 명확화
- 중요 시기의 인식
- 주요 활동과 위치 파악

이론과 기술 영역 20%
- 퍼실리테이션의 개념 이해
- 워크숍의 기획방법 이해
- 과제 해결 방법론 숙지
- Process 제안 및 Tool과 기법 보유
- 철학, 역할, 태도, 이론, 행동

퍼실리테이션 영역 30%
- Process 관찰과 시간관리
- Tool과 기법의 적용
- 동의(합의) 획득
- 말과 행동에 의한 촉진
- 개입의 실행, 역할 준수

| 그림 11-2 | 퍼실리테이션의 영역

(2) 퍼실리테이터가 함양해야 할 역량

퍼실리테이터가 자신의 역할 수행을 위해 함양해야 할 역량은 다음과 같다.

- 퍼실리테이터의 자세와 태도
- 퍼실리테이션의 다양한 이론
- 과제의 해결을 위해 활용할 사용 도구와 기법
- 의사결정의 과정과 방법에 관한 요소

① 자세와 태도

퍼실리테이터는 중립적이고 공정해야 하며, 참여자들의 의견과 관점을 존중하고 이해하는 자세를 보여야 한다. 퍼실리테이터는 자신의 의견이나 해결책을 강요하지 않고, 항상 중립적인 태도를 유지하며 참여자들이 스스로 답을 찾도록 도와야 한다. 따라서 퍼실리테이터는 자신의 감정을 조절하고, 긍정적이고 적극적인 태도로 참여자들의 관계와 상황을 민감하게 살피고 유연하게 대응해야 한다.

② 다양한 이론

퍼실리테이터는 퍼실리테이션의 개념과 원리, 모형과 방법론, 문제해결과 의사결정 과정 등을 이해하고 숙지해야 한다. 퍼실리테이션의 철학과 역할, 태도와 윤리, 이론과 모형 등을 학습하고 다양한 분야와 상황에 적합하게 퍼실리테이션을 적용해야 한다.

③ 과제해결을 위해 활용할 수 있는 도구와 기법

퍼실리테이터는 퍼실리테이션의 목적과 방법, 진행단계와 시간, 주요 활동과 위치 등을 결정하고 실행할 수 있는 능력이 필요하다. 퍼실리테이터는 다양한 도구와 기법을 적절하게 활용하여 참여자들의 의견 공유와 창의성 발현, 갈등 해소와 합의 도출 등을 촉진할 수 있어야 한다. 따라서 퍼실리테이터는 도구와 기법의 장단점과 적용 조건을 알고, 상황에 따라 유연하게 변화시켜 적용할 수 있어야 한다.

④ 의사결정의 과정과 방법에 관한 요소

퍼실리테이터는 퍼실리테이션의 결과물로서 의사결정을 이끌어내기 위한 능력이 필요하다. 퍼실리테이터는 의사결정의 목적과 기준, 방식과 절차 등을 명확하게 설정하고 공유할 수 있어야 한다. 퍼실리테이터는 참여자들의 의견을 정리하고 분석하고 평가하고 우선순위를 정할 수 있어야 한다. 퍼실리테이터는 참여자들의 동의와 합의를 획득하고, 의사결정의 결과와 책임을 명확하게 전달하고, 피드백과 평가를 수행할 수 있어야 한다.

위에서 설명한 4가지 역량은 상호작용하며 퍼실리테이션의 성공에 중요한 영향을 미친다. 퍼실리테이션은 단순한 지식 전달이 아니라, 참여자들의 경험과 생각을 바탕으로 지식을 생성하고 공유하는 활동으로, 조직과 사회의 변화와 혁신을 가능하게 한다. 퍼실리테이터가 되기 위해서는 위의 4가지 역량을 지속해서 발전시켜야 한다.

4. 퍼실리테이션 모형의 이해와 적용

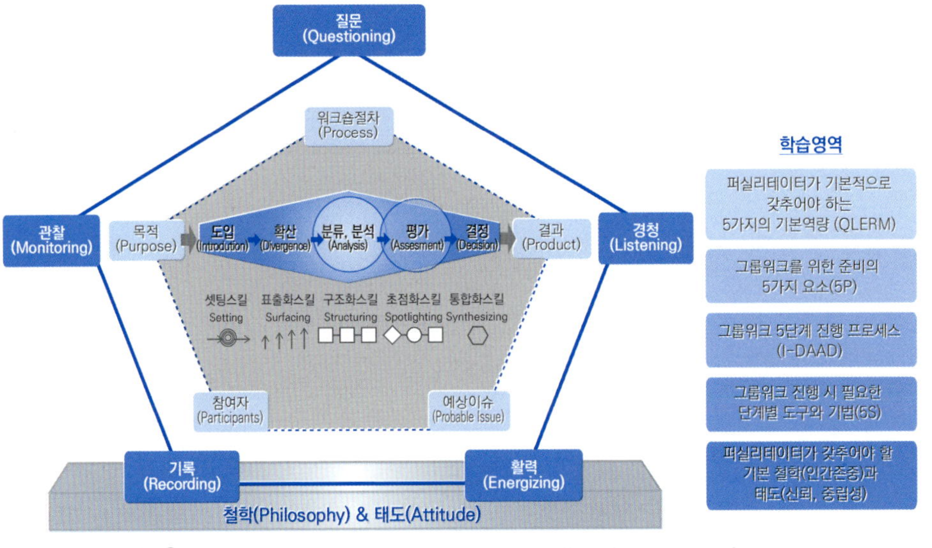

출처: Copyright©Performance Way Consulting, Inc. All rights reserved.

Performance Way Consulting은 퍼실리테이션을 전문적으로 수행하는 컨설팅 회사로, 다양한 분야와 주제에 대해 퍼실리테이션을 설계하고 진행하고 있다. Performance Way Consulting의 퍼실리테이션 모델은 퍼실리테이션의 목적과 과정을 명확하게 정의하고, 참여자들의 필요와 기대에 맞춰 적절한 방법과 도구를 선택한다. 퍼실리테이션의 결과물을 구체적으로 산출하고, 성과를 평가하고, 개선을 위해 지속적인 피드백을 수집한다. 퍼실리테이션의 질을 높이기 위해 QLERM(질문하기, 듣기, 격려하기, 반영하기, 관리하기)의 다섯 가지 기본기술 영역을 강조하고, 교육과 코칭을 통해 퍼실리테이터의 역량을 강화하고 있다.

Performance Way Consulting의 퍼실리테이션 모델은 퍼실리테이터가 퍼실리테이션을 진행하기 위해 갖추어야 할 기본철학과 태도, 5가지 기본역량, 그룹워크 준비를 위한 5가지 요소, 그룹워크 5단계 진행 프로세스, 그룹워크 진행 시 필요한 단계별 도구와 기법으로 구성되어 있다.

(1) 철학과 태도영역(Philosophy&Attitude)

① 중립

퍼실리테이터는 자신의 의견이나 선호를 드러내지 않고, 참여자들의 의견을 공정하게 반영하고 존중해야 한다. 또한 어떤 참여자에게도 편애나 편견을 가지지 않고, 모두에게 동등한 발언 기회를 제공해야 한다.

② 신뢰

퍼실리테이터는 참여자들이 스스로 우수한 결과물을 내놓을 수 있다고 믿고, 그들의 창의성과 협력성을 높이기 위해 격려하고 지지해야 한다. 또한 참여자들의 말을 잘 듣고 이해하며, 공감하고 반영해야 한다.

③ 인격적인 대우

퍼실리테이터는 토론 참여자들을 개인으로 존중하고, 그들의 의견이나 주장을 공격하거나 비하하지 않아야 한다. 또한, 어떤 참여자에게도 편애나 편견을 가지지 않고, 모두에게 동등한 발언 기회를 제공해야 한다. 인격적인 대우는 토론의 분위기와 질을 높이고, 참여자들의 자신감과 동기를 부여한다.

④ 상호 간의 믿음

퍼실리테이터는 토론의 참여자들에게 정직하고 성실하게 행동하고, 약속이나 규칙을 지키고, 협력하고 지원한다. 또한, 참여자들의 의견이나 주장을 존중하고 인정하고, 갈등이나 오해가 생기면 원만하게 해결하려고 해야 한다. 상호 간의 믿음은 토론의 목적과 과정을 원활하게 하고, 참여자들의 관계와 만족도를 향상시킨다.

(2) 기본기술영역(BasicSkill): QLERM

① 질문하기(Questioning)

퍼실리테이터는 참여자들의 의견을 끌어내고, 생각을 확장하고, 합의를 도출하기 위해 적절한 질문을 사용해야 한다. 질문의 종류에는 여러 가지가 있지만, 퍼실리테이션에서는 주로 개방형 질문(Open-ended question)과 평가형 질문(Evaluative question)을 활용한다. 개방형 질문은 참여자들에게 자유롭게 답할 수 있는 공간을 제공하고, 평가형 질문은 참여자들에게 자신의 의견이나 판단을 표현하도록 유도하는 것이다. 예를 들어, "이 주제에 대해 어떻게 생각하세요?" 또는 "이 방법의 장단점은 무엇이라고 생각하세요?"와 같은 질문들이 있다.

② 경청하기(Listening)

퍼실리테이터는 참여자들의 말을 잘 듣고 이해하며, 존중하고 인정해야 한다. 듣기의 수준에는 여러 가지가 있지만, 퍼실리테이션에서는 주로 활동적 듣기(Active listening)와 공감적 듣기(Empathic listening)를 활용한다. 활동적 듣기는 참여자들의 말을 재진술하거나 요약하거나 반응하여 듣고 있다는 것을 보여주는 것이고, 공감적 듣기는 참여자들의 감정이나 관점을 이해하고 공유하는 것이다. 예를 들어, "그러니까, 당신은 이렇게 느끼셨다는 말씀이시군요" 또는 "저도 그 상황에서는 당신과 같은 감정을 느꼈을 것 같아요"와 같은 말들이 있다.

③ 활력 유지하기(Energizing)

퍼실리테이터는 참여자들의 참여와 협력을 촉진하고, 자신감과 동기를 부여하기 위해 적절한 격려를 사용해야 한다. 격려의 방법에는 여러 가지가 있지만, 퍼실리테이션에서는 주로 긍정적인 피드백(Positive feedback)과 칭찬(Praise)을 활용한다. 긍정적인 피드백은 참여자들의 의견이나 행동에 대해 구체적으로 어떤 점이 좋았는지 알려주는 것이고, 칭찬은 참여자들의 노력이나 성과에 감사하거나 인정하는 것이다. 예를 들어, "정말 좋은 의견을 주셨습니다. 감사합니다" 또는 "당신의 발표는 정말 훌륭했습니다. 멋지게 잘 하셨어요"와 같은 말들이 있다.

④ 기록하기(Recording)

퍼실리테이터는 워크숍의 과정과 결과를 구체적으로 기록하고, 공유하고, 활용하기 위해 적절한 기록을 사용해야 한다. 기록의 방법에는 여러 가지가 있지만, 퍼실리테이션에서는 주로 플립차트(Flip chart), 포스트잇(Post-it), 스티커

(Sticker), 카드(Card) 등의 도구를 활용한다. 기록은 참여자들의 의견이나 행동을 시각적으로 표현하고, 정리하고, 분류하고, 요약하고, 통합한다. 예를 들어, "참여자들의 아이디어를 포스트잇에 적어서 플립차트에 붙여주세요."나 "스티커를 이용해서 자신이 선호하는 해결책에 투표해주세요."와 같은 방법들이 있다.

⑤ 관찰하기(Monitoring)

퍼실리테이터는 워크숍의 목표와 프로세스를 달성하기 위해 적절한 관찰을 해야 한다. 관찰의 방법에는 여러 가지가 있지만, 퍼실리테이션에서는 주로 시간 관리(Time management)와 갈등 관리(Conflict management)를 활용한다. 시간 관리는 워크숍의 일정과 진도를 효율적으로 조정하고 조율하는 것이고, 갈등 관리는 워크숍에서 발생하는 의견 충돌이나 감정 충돌을 해결하고 예방하는 것이다. 예를 들어, "다음 활동으로 넘어가기 위해 5분 안에 마무리해주세요" 또는 "서로의 의견을 존중하고 인정해주시기 바랍니다"와 같은 방법들이 있다.

(3) 그룹워크 준비를 위한 5가지 기본 요소: 기획영역(Planning)

그룹워크 퍼실리테이션 준비를 위한 요소는 다음의 5가지로 요약할 수 있다.

① 목적(Purpose)요소

퍼실리테이션을 하는 이유와 목표를 명확하게 정의하고, 필요성과 배경을 설명한다. 예를 들어, "이번 워크숍의 목적은 새로운 프로젝트의 아이디어를 발굴하고, 우선순위를 정하는 것입니다. 이 워크숍은 고객의 필요와 시장 변화에 빠르게 대응하는 데 필요합니다."라고 분명하게 말한다.

② 참여자(Participants)요소

퍼실리테이션에 참여할 사람들을 선정하고, 그들의 특성과 관계를 파악한다. 그리고 참여자에게 이를 알린다. "이번 워크숍에는 프로젝트 관련자들과 이해관계자들이 참여합니다. 참여자들은 각자 다른 부서와 역할을 가지고 있으며, 서로 협력하거나 갈등할 수 있습니다."

③ 진행 프로세스(Process)요소

퍼실리테이션의 전체적인 과정과 단계를 설계하고, 단계별로 적절한 방법과 도구를 선택한다. 워크숍 프로세스의 예는 다음과 같다. ① 도입: 워크숍의 목적과 규칙을 안내하고, 참여자들을 소개한다. ② 확산: 브레인스토밍과 포스트잇을 이용하여 다양한 아이디어를 발생시킨다. ③ 분류·분석: 카테고라이징과 스티커 투표를 이용하여 아이디어를 분류하고 분석한다. ④ 평가: SWOT 분석과 매트릭스를 이용하여 아이디어의 장단점과 우선순위를 평가한다. ⑤ 의사결정: 컨센서스 빌딩을 이용하여 최종적인 아이디어를 결정한다. ⑥ 사후관리와 마무리: 액션플랜과 피드백을 작성하고, 워크숍의 결과와 과정을 정리한다.

④ 결과물(Product)요소

퍼실리테이션의 산출물을 구체적으로 정의하고, 어떻게 산출하고 공유할지 결정한다. 워크숍 결과물의 예는 다음과 같다. ① 우선순위가 정해진 아이디어 리스트, ② 각 아이디어별 SWOT 분석 및 매트릭스, ③ 최종적으로 선정된 아이디어에 대한 액션플랜, ④ 워크숍의 피드백 및 평가 등이다. 이러한 결과물은 플립차트, 포스트잇, 스티커, 카드 등의 도구를 이용하여 기록하고, 사진과 문서로 정리하여 참여자들과 공유한다.

⑤ 예상되는 잠재적(Potential Issue) 요소

퍼실리테이션 중에 발생할 수 있는 문제나 위험을 예측하고, 그에 대비하는 방안을 마련한다. 워크숍에서 예상되는 잠재적 문제의 예는 다음과 같다. ① 참여자들의 의견 충돌이나 갈등이 심화될 수 있다. 이를 해결하기 위해, 퍼실리테이터는 중립적이고 공정한 태도를 유지하고, 갈등의 원인과 해결 방법을 함께 찾도록 유도한다. ② 참여자들의 참여도가 낮거나 높을 수 있다. 이를 해결하기 위해, 퍼실리테이터는 참여자들의 필요와 기대를 파악하고, 적절한 질문과 격려를 사용하여 참여와 협력을 촉진한다. ③ 워크숍의 시간이 부족하거나 초과될 수 있다. 이를 해결하기 위해, 퍼실리테이터는 워크숍의 일정과 진도를 효율적으로 조정하고 조율한다.

(4) 퍼실리테이션의 프로세스 5단계

① 도입 단계(Introduction)

워크숍의 목적과 방식을 소개하고, 참여자들의 기대와 우려를 공유하고, 워크숍의 규칙과 약속을 정하는 단계이다. 이 단계에서는 아이스브레이킹(Ice-breaking)이나 워밍업(Warming-up)과 같은 활동을 통해 참여자들의 긴장을 풀고, 서로를 알아가고, 워크숍에 관한 관심과 참여도를 높일 수 있다.

② 확산 단계(Divergence)

워크숍의 주제와 관련된 다양한 의견과 아이디어를 발굴하고, 창의적으로 확장하는 단계이다. 이 단계에서는 브레인스토밍(Brainstorming)이나 마인드맵(Mind map) 등과 같은 활동을 통해 참여자들의 생각을 자유롭게 표현하고, 다른 사람들의 의견에 영감을 받고, 새로운 관점을 탐색할 수 있다.

③ 분류/분석(수렴) 단계(Convergence)

워크숍에서 도출된 다양한 의견과 아이디어를 정리하고, 분류하고, 요약하고, 통합하는 단계이다. 이 단계에서는 카테고라이징(Categorizing)이나 클러스터링(Clustering)과 같은 활동을 통해 참여자들의 의견을 구조화하고, 중복되거나 모호한 내용을 제거하고, 핵심적인 내용을 도출할 수 있다.

④ 평가 단계(Assessment)

워크숍에서 도출된 핵심적인 의견과 아이디어를 분석하고, 평가하고, 우선순위를 정하는 단계이다. 이 단계에서는 SWOT 분석(SWOT analysis)이나 다중 투표(Multi-voting)와 같은 활동을 통해 참여자들의 의견에 대한 장단점을 파악하고, 중요도와 긴급도를 고려하고, 합리적인 판단을 내릴 수 있다.

⑤ 의사결정 단계(Decision)

워크숍에서 도출된 우선순위가 높은 의견과 아이디어를 바탕으로 최종적인 결정을 하는 단계이다. 이 단계에서는 합의 도구(Consensus tool)나 액션 플랜(Action plan)과 같은 활동을 통해 참여자들의 의견을 조율하고, 구체적인 실행 방안을 수립하고, 책임과 기한을 정할 수 있다.

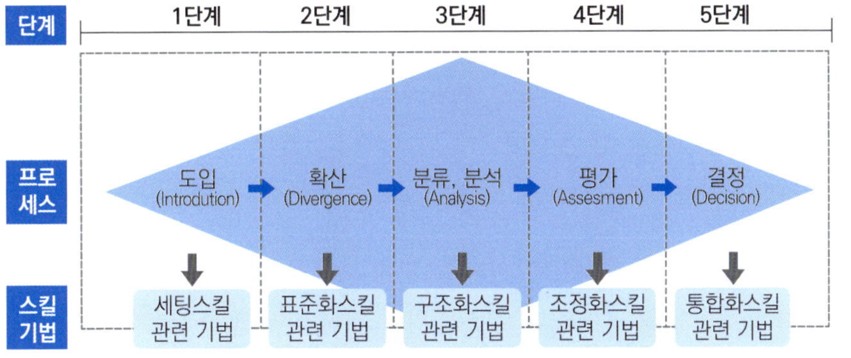

| 그림 11-3 | 퍼실리테이션 프로세스 5단계

(5) 퍼실리테이션의 프로세스에 필요한 다섯 가지 스킬

퍼실리테이션을 원활하게 진행하고, 참여자들의 의견을 끌어내고, 합의를 이끌기 위해 적절한 방법과 도구를 사용하는 진행자인 퍼실리테이터가 갖춰야 하는 능력이다. 프로세스 단계별로 필요한 스킬과 예시는 다음과 같다.

① 셋팅스킬(Setting skill)

퍼실리테이터가 워크숍의 목적과 방식을 명확하게 소개하고, 참여자들의 기대와 우려를 공유하고, 워크숍의 규칙과 약속을 정하는 스킬이다. 이 스킬은 워크숍의 도입 단계에서 주로 사용되며, 워크숍의 성공 여부에 큰 영향을 미친다. 예를 들어, "오늘은 새로운 프로젝트팀을 구성하고, 팀원들의 역할과 목표를 설정하기 위한 워크숍입니다. 워크숍은 약 2시간 동안 진행될 예정이며, 다양한 활동과 토론을 통해 함께 결과물을 만들어나갈 것입니다. 참여자분들께서는 워크숍에 대해 어떤 기대나 우려가 있으신지 자유롭게 말씀해주세요. 그리고 워크숍에서 지켜야 할 규칙이나 약속을 함께 정해봅시다"와 같은 방향성을 제시해야 한다.

② 표준화 스킬(Standardization skill)

워크숍에서 사용할 용어나 개념을 정의하고, 일관성 있게 사용하도록 하는 스킬이다. 이 스킬은 워크숍 전체에 사용되며, 워크숍의 명료성과 정확성을 높인다. 확산 단계에서는 표준화 스킬을 통해 참여자들이 워크숍의 주제와 관련된 다양한 의견과 아이디어를 발굴하고, 창의적으로 확장할 수 있도록 돕는다.

③ 구조화스킬

워크숍의 진행 방법과 순서, 그리고 사용할 도구와 기법을 설계하고 조정하는 스킬이다. 이 스킬은 워크숍 전체에 걸쳐 사용되며, 워크숍의 체계성과 유연성을 보장한다. 분류와 분석 단계에서는 구조화 스킬을 통해 참여자들이 제시한 의견과 아이디어를 분석하고, 평가하고, 우선순위를 정할 수 있도록 돕는다.

④ 조정화 스킬

퍼실리테이션 프로세스의 네 번째 단계에 필요한 스킬로, 참여자들이 도출한 아이디어나 대안들을 평가하고, 우선순위를 정하기 위한 스킬이다. 조정화 스킬은 다음과 같은 과정을 포함한다. 아이디어나 대안들을 평가할 수 있는 기준이나 척도를 정한다. 기준이나 척도는 객관적이고 명확하며, 참여자들의 동의를 얻어야 한다. 아이디어나 대안들을 기준이나 척도에 따라 점수를 매기거나, 순위를 매기거나, 분류한다. 이때, 다양한 평가 방법을 활용할 수 있다. 평가의 결과를 정리하고, 공유하고, 검증해야 한다. 이때, 평가 과정과 결과에 대한 피드백을 받고, 필요한 경우 수정하거나 보완한다. 조정화 스킬은 퍼실리테이션 워크숍의 목표 달성을 위해 필요한 스킬이다. 퍼실리테이터는 조정화 스킬을 통해 참여자들의 아이디어와 의견을 공정하고 합리적으로 평가하고, 최적의 선택을 도출할 수 있도록 지원해야 한다.

⑤ 통합화 스킬

퍼실리테이션의 마지막 단계로, 참여자들이 도출한 다양한 아이디어나 대안들을 종합하고, 의사결정을 하기 위한 스킬이다. 통합화 스킬은 다음과 같은 과정을 포함한다. 아이디어나 대안들을 정리하고, 분류하고, 비교하고, 평가한다. 이때, 평가 기준이나 방법을 미리 정하거나, 참여자들과 협의하여 결정한다. 아이디어나 대안들에 대한 찬성과 반대의 의견을 듣고, 갈등이나 논쟁을 관리한다. 이때, 갈등을 부정적인 것으로 보지 않고, 긍정적인 상황으로 전환하려고 노력해야 한다. 아이디어나 대안 중에서 최적의 선택을 하거나, 여러 선택을 조합하거나, 새로운 선택을 만들어낸다. 이때, 합의를 통한 의사결정을 추구하고, 참여자들의 동의를 구한다. 마지막으로 의사결정의 결과와 과정을 정리하고, 기록하고, 공유한다. 이때, 결과에 대한 책임과 피드백을 명확히 하고, 참여자들에게 감사의 인사를 전해야 한다. 퍼실리테이터는 통합화 스킬을 통해 참여자들의 아이디어와 의견을 존중하고, 합리적이고 창의적인 의사결정을 도와줘야 한다.

워크시트

지금부터 제시하는 3명은 개혁을 방해하는 소위 '비협조적인 사람들'이다. 만약 당신이 이들의 의견을 조정하는 퍼실리테이터의 입장이라면 어떻게 대처할지를 적어보자.

① A과장 : 책임감이 강한 것은 좋지만 다른 부서의 의견에 대해 "우리에게 맡겨주었으면 좋겠다"라고 하면 전혀 받아들이지 않는다. 그리고 자신이 담당하는 것 외의 이야기에는 전혀 관심이 없다.
② B과장 : 무엇을 물어보아도 정중히 설명해 주지만 자신의 의견이 명확하지 않다. 무엇을 결정하려 하면 세세한 정보의 부족을 지적하며 의사결정을 내리지 못하게 한다.
③ C과장 : 회사 내부의 사정에 밝은 것은 반갑지만 "사장이 ______". "OO부서에서는 ______" 등으로 주위의 비관적인 입장만 잔뜩 늘어놓아 논의에 찬물을 끼얹는다.

출처: 한국산업인력공단. 기초직업능력프로그램(문제해결능력), 교수자용 매뉴얼, 72-73.

1. A과장에 대해서 당신은 어떻게 대처할 것인가?

2. B과장에 대해서 당신은 어떻게 대처할 것인가?

3. C과장에 대해서 당신은 어떻게 대처할 것인가?

창의적 문제해결

❐ 학습목표

1. 문제처리능력의 개념과 절차를 설명할 수 있다.
2. 절차에 따른 문제처리능력을 실제 문제해결에 활용할 수 있다.
3. 문제해결과정을 평가할 수 있다.
4. 집단지성 및 통합적 사고를 이해할 수 있다.

CHAPTER

12 문제처리능력

지금까지 우리는 문제해결에 필요한 지식, 태도, 기술 관련한 다양한 이론과 실제를 학습했다. 이제 학습한 이론을 문제해결에 실제 적용할 필요가 있다. 문제해결의 모든 요소가 중요하지만, 이론을 알고도 실제 적용해서 실천하지 않으면 문제는 결코 해결되지 않는다. 따라서 앞에서 학습한 내용을 종합하여 실제 문제를 처리할 수 있도록 문제처리능력에 대해 알아보고자 한다. 문제처리능력에는 앞에서 학습한 다양한 이론이 적용된다.

1. 문제해결의 절차

문제처리능력은 발생한 문제의 원인 및 특성을 파악하고, 적절한 해결안을 선택, 적용하여 그 결과를 평가하고 피드백하는 능력이다. 문제는 문제인식, 문제도출, 원인분석, 해결안의 개발, 실행 및 평가의 절차로 처리된다.

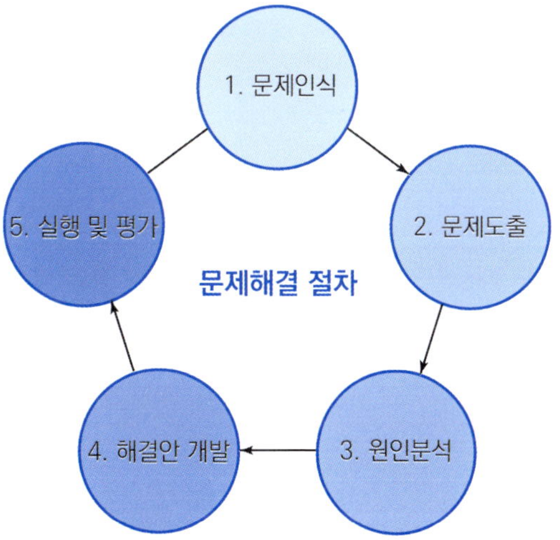

❙그림 12-1❙ 문제해결의 절차

문제 인식	해결해야 할 전체 문제를 파악하여 우선순위를 정하고, 선정 문제에 대한 목표를 명확히 하는 단계
문제 도출	선정된 문제를 분석하여 해결해야 할 과제를 명확히 하는 단계
원인 분석	파악된 핵심 과제 분석을 통해 근본 원인을 도출하는 단계
해결안 개발	근본 원인을 효과적으로 해결할 수 있는 최적의 해결안 수립 단계
실행 및 평가	해결안 실행을 위한 계획을 수립하고 실제 문제 상황에 적용하여 문제의 원인을 제거하고 문제해결의 과정을 평가하는 단계

2. 문제 인식

문제 인식 단계는 문제해결과정 중 'what'을 결정하는 단계로 전체 문제를 파악하여 우선순위를 정해 주요 과제를 선정하고 선정한 문제에 대한 목표를 명확히 한다. 문제 인식은 환경 분석, 주요 문제 도출, 과제 선정의 절차를 통해 수행한다.

절차	환경분석	주요 문제 도출	과제 선정
내용	내외부 장단점, 위기와 기회 등 환경분석	분석을 통해 전체 문제 파악	우선순위를 정해 과제 선정

(1) 환경분석

문제가 발생하였을 때, 가장 먼저 고려해야 하는 점은 환경을 분석하는 일이다. 환경 분석을 위해서 주요 사용되는 기법으로는 SWOT 분석, 7S모델을 활용할 수 있다.

[7S모델]

7S 모델은 비즈니스 컨설팅 회사인 맥킨지 & 컴퍼니의 로버트 워터맨과 톰 피터스가 1980년대에 개발한 경영 모형이다. 이 모형은 조직의 성공을 위해 중요한 7가지 요소를 분석하고 평가하는 모형이다. 7가지 요소는 다음과 같다.

① 전략(Strategy): 조직이 목표와 비전을 달성하기 위해 사용하는 계획과 접근법
② 구조(Structure): 조직 내부의 역할, 책임, 권한, 의사소통, 의사결정 등의 방식
③ 시스템(Systems): 조직이 일상적으로 수행하는 절차, 프로세스, 기술, 정보 등
④ 스타일(Style): 조직의 리더십과 경영 스타일, 문화, 가치관, 행동 양식
⑤ 스태프(Staff): 조직에 속한 인력의 수, 구성, 역량, 채용, 교육, 보상 등
⑥ 기술(Skills): 조직이 가진 핵심 역량, 전문 지식, 능력, 경험
⑦ 공유 가치(Shared Values): 조직의 핵심 철학, 비전, 목적, 신념 등의 요소

이 7가지 요소는 상호 연관되어 있고 조직의 성과와 효율성에 영향을 미친다. 따라서 조직은 이러한 요소들이 조화롭고, 일관되게 유지되도록 해야 한다. 맥킨지 7S 모델은 조직의 현재 상태를 진단하고, 변화를 수용하고, 개선을 추구하기 위한 유용한 도구이다.

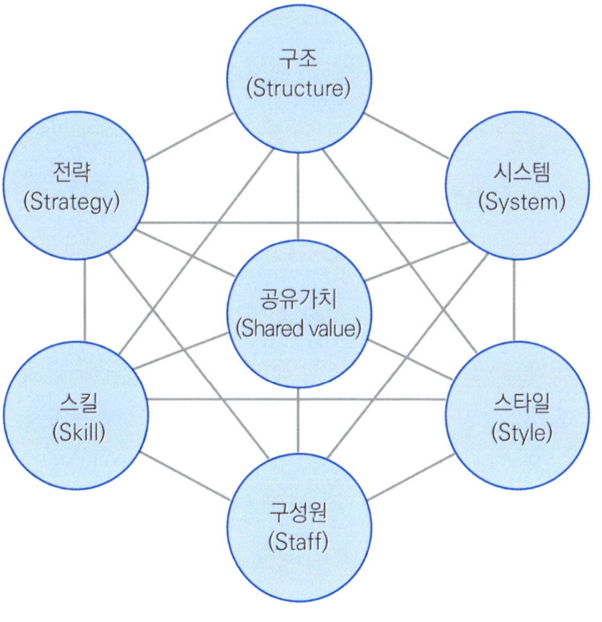

| 그림 12-2 | 맥킨지 7S 프레임워크

(2) 주요 과제 도출

현상을 환경 분석을 통해 파악한 후에는 분석 결과 검토를 토대로 주요 과제를 도출해야 한다. 과제 도출을 하기 위해 한 가지 안이 아닌 여러 과제 후보안을 도출해야 한다. 주요 과제 도출을 위해 과제안을 작성할 때는 과제안 간의 수준은 같은지, 표현은 구체적인지, 정해진 기간 내에 해결 가능한 과제안인지를 확인해야 한다.

(3) 과제 선정

과제안 가운데 실행 가능성과 효과 측면을 평가하여 우선순위를 정한 뒤 우선순위가 가장 높은 안을 선정하며, 우선순위 평가 시에는 과제의 목적, 자원 현황 등을 종합해서 평가한다.

3. 문제도출

문제도출은 선정된 문제를 분석하여 해결해야 할 것이 무엇인지를 명확히 하는 단계로, 문제구조 파악, 핵심 문제 선정의 절차를 거쳐 수행한다.

절차	문제구조파악	핵심과제선정
내용	문제를 다룰 수 있는 작은 과제로 세분화	문제에 영향력이 큰 과제 선정

문제구조 파악은 전체 문제를 개별화된 세부 문제로 세분화하는 과정으로 문제의 내용과 문제가 끼칠 영향 등을 파악하여 문제의 구조를 밝혀내는 것이다. 문제의 구조를 파악할 때 중요한 것은 문제가 발생한 배경 또는 문제를 발생시키는 메커니즘을 분명히 해야 한다는 것이다. 또한 문제구조 파악을 위해서는 현상에만 얽매이지 말고 문제의 본질과 실제를 분석해야 하고, 다면적으로 살펴볼 필요가 있다. 넓은 시야로 문제를 분석해야 한다. 이러한 문제구조 파악을 위해서는 로직트리(Logic Tree) 방법이 유용하다.

(1) 로직트리와 문제도출

로직트리(Logic Tree)는 주요 과제를 MECE의 사고방식에 기초해서 상위의 개념을 하위의 개념으로 분해해가는 기법이다. 로직트리는 제한된 시간에서 문제의 원인을 깊이 분석해야 한다든지 해결책을 구체화할 때 도움이 되는 기술로, 주요 과제를 나무 모양으로 분해, 정리하는 기술이다. 이러한 로직트리를 작성할 때에는 다음을 유의해야 한다.

- 전체 과제를 명확히 해야 한다.
- 분해해 나가는 가는 가지의 수준을 맞춰야 한다.
- 원인이 중복되거나 누락되지 않고 각각의 합이 전체를 포함해야 한다.

① 과제(이슈)를 선정
② 과제(이슈)에 적합한 분류기준을 사용(MECE 프레임을 활용)
③ 동일 차원(레벨, level)의 개념 간에는 MECE 원칙으로 세분화(Breakdown)하고 각각의 개념은 가능한 2~3개의 요소로 분류
④ 상위개념과 하위 개념 간의 관계는 인과관계를 고려
⑤ 더 세분화되지 않는 단계까지 세분화
⑥ 상하 간의 인과관계와 동일 차원 간의 MECE 여부를 점검
⑦ 끝으로 팀원이나 전문가의 의견을 반영하여 로직트리를 완성

※ MECE는 Mutually Exclusive, Collectively Exhaustive의 약자로 우리말로 직역하면 '상호 배타적이고, 종합적으로 총망라된' 정도로, 의역해서 '중복과 누락이 없는 상태' 정도로 해석할 수 있다. 즉, ❶중복과 ❷누락이 없는 단계로 대상을 잘게 쪼개 생각하는 논리를 말한다. 기본적으로 MECE를 하는 이유는 문제를 가장 효과적, 효율적으로 진단하고 해결하기 위해 문제가 발생했을 때 그 원인은 어디서 오는 것인지, 즉 어디를 우선하여 손봐야 하는지를 착오 없이 하기 위함이다. 필요 이상의 자원이 소모되는 것을 막고 이를 매뉴얼화 시켜서 앞으로의 문제상황에도 꾸준히 적용할 수 있음을 MECE는 추구한다. MECE는 논리적이고 객관적인 사고의 기본 원칙이 되는 개념이다.

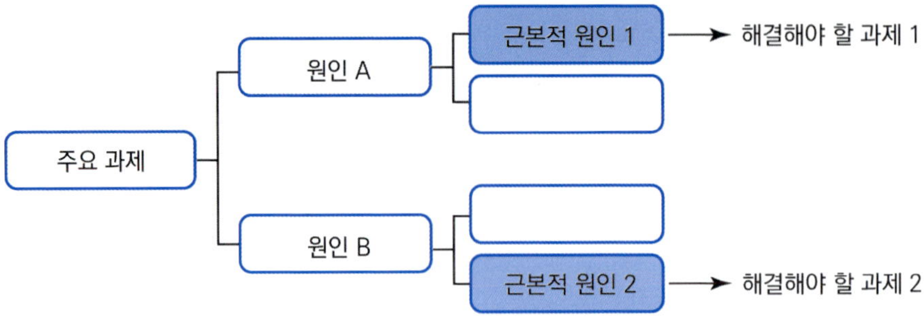

로직트리는 What Tree, Why Tree, How Tree로 다양하게 사용할 수 있다.

- What Tree: 과제의 전체 구성요소를 알아보거나 주요 과제를 선정할 때, 또는 체크리스트를 작성할 때 사용
- Why Tree: 과제나 문제의 원인을 규명할 때 사용
- How Tree: 과제나 문제의 해결 대안을 모색할 때 사용

4. 문제의 원인분석

문제도출 후에는 파악된 핵심 문제에 대한 분석을 통해 근본 원인을 찾기 위한 원인분석 단계를 거치게 된다. 선정된 핵심과제에 대한 잠재적 원인과 근본 원인을 도출하는 단계이다. 원인분석은 이슈 분석, 데이터 분석, 원인분석의 절차로 진행되며, 핵심 이슈의 가설을 설정한 후, 가설 검증을 위해 필요한 데이터를 수집, 분석하여 문제의 근본 원인을 도출한다.

절차	이슈분석	데이터 분석	원인분석
내용	핵심과제 설정 가설 설정 성과 설정	데이터수집 계획수립 데이터 정리/가공 데이터 분석	근본 원인을 파악하고 원인과 결과를 도출

(1) 이슈 분석

이슈 분석은 핵심이슈 설정, 가설 설정, 성과 설정의 절차로 진행한다. 핵심이슈 설정은 현재 수행하고 있는 일 중에 가장 크게 영향을 미치는 문제로 선정한다. 핵심이슈 설정 후에는 이슈에 대해 자신의 직관, 지식, 정보, 경험 등에 의존하여 일시적 결론을 예측해보는 가설을 설정한다. 가설 설정은 관련 자료 등을 통해 검증할 수 있어야 하며, 명확하게 표현하고, 논리적이고 객관적이어야 한다. 가설 설정 후에는 가설검증계획에 따라 성과를 설정해본다.

(2) 데이터 분석

데이터 분석은 데이터수집 계획을 먼저 수립하고 데이터를 수집, 정리, 가공하여 데이터를 분석하는 절차로 수행한다. 데이터를 수집할 때는 목적에 따라 수집 범위를 정하고, 일반화할 수 있는 자료는 제외한다. 정량적이고 객관적인 사실을 수집하고, 자료의 출처를 명확히 한다. 데이터 수집 후에는 목적에 따라 정보를 기준에 따라 정리한 후 "what", "why", "how" 측면에서 의미를 해석한다.

(3) 원인 파악

원인 파악은 이슈와 데이터 분석을 통해 얻은 결과를 기반으로 문제의 최종 원인을 파악하는 단계이다. 원인 파악 시에는 원인과 결과 사이에 패턴이 있는지를 확인해야 한다. 원인 패턴의 종류는 다음과 같다.

- 단순 인과관계 : 원인과 결과를 분명하게 구분할 수 있는 경우이다.
- 닭과 계란의 인과관계 : 닭과 계란 중 어느 것이 먼저인가처럼 원인과 결과를 단순하게 구분하기가 어려운 경우이다.
- 복잡한 인과관계 : 단순한 인과관계와 닭과 계란의 인과관계 두 유형이 복잡하게 서로 얽혀 있는 경우이다.

5. 해결안의 개발

문제해결에 도움이 될 수 있는 다양한 아이디어나 대안을 탐색하는 과정이다. 해결안 개발의 절차는 해결안 도출과 해결안 평가 및 최적안 선정의 단계로 나누어진다.

절차	해결안 도출	해결안 평가 및 최적안 선정
내용	문제해결을 위한 다양한 아이디어와 해결안 개발	최적안 선정을 위한 평가기준 선정하여 우선순위를 통해 최적안 선정

(1) 해결안 도출

해결안 도출은 근본 원인을 어떤 관점과 방법으로 제거할 것인지 독창적이고 혁신적인 아이디어를 도출하는 과정으로 ① 도출한 여러 근본 원인을 제거할 방안을 명확히 하는 단계, ② 독창적이고 혁신적인 방안 개발, ③ 최종 해결안 선택의 절차를 거쳐 진행한다.

해결안을 개발할 때는 가능한 많은 아이디어가 도출되도록 하고 좋은 해결안을 개발하기 위해서는 집단지성과 통합적 사고를 활용할 수 있어야 한다.

① 집단지성

집단지성(collective intelligence)은 다수의 개체들이 서로 협력하거나 경쟁을 통해 얻게 된 집단의 지적 능력을 의미한다. 〈대중의 지혜〉의 저자인 제임스 서로위키(James Surowiecki)는 '소수의 전문가 집단보다 다수의 다양한 대중이 더 현명하다'라고 하며 집단지성의 중요함을 강조했다. 이는 많은 개인의 지식과 창의력이 모이면 훨씬 더 큰 성과를 창출할 수 있다는 의미이다.

② 통합적 사고

통합적 사고는 신체적, 정신적, 정서적, 개념적 영역을 모두 담아낼 수 있는 사고의 틀로 다양성 이해를 가능하게 하는 사고이다. 이러한 통합적 사고는 첫째, 균형과 수용, 둘째, 서로를 연결하는 포괄과 연결을 가능하게 하므로 창의적 문제해결방안 도출이 가능하다.

㉠ 균형과 수용: 새로운 가치는 균형으로부터 시작되므로 창의적인 변화를 위해서 리더는 사고의 균형을 유지해야 한다. 또한 다름은 틀림이 아니므로 서로 다른 것을 수용하고 융합하여 새로움을 창조해야 한다.

㉡ 포괄: 포괄은 생각의 폭을 넓히기 위한 과정이다. 나의 생각에서 힘을 빼야 한다. 나의 일반적인 생각, 선입견, 고정관념 등 한쪽으로 치우친 생각은 부러지기 쉽다. 진정으로 강해지려면 부드러움을 겸비해야 한다. 강함과 부드러움이 겸비될 때 비로소 유연한 사고를 가질 수 있다. 유연한 사고는 모든 것을 포괄할 수 있는 여유 있는 사고이다.

㉢ 연결: 연결은 깊이와 높이를 더하는 과정이다. 연결 과정에는 순서가 없다. 순서보다 중요한 것은 새로운 연결의 시도와 연결해보려는 노력이다.

통합적 사고는 이분법적 사고와 완전히 대치되는 사고로 문제해결에 필요한 사고이다. 이분법적 사고와 통합적 사고를 비교하면 아래 표와 같다.

이분법적 사고	통합적 사고	
양자택일 사고	양자긍정 사고	양자부정 사고
둘 중 하나 선택	둘 모두 선택	새로운 선택
장점 또는 단점	장점과 단점	장점 속의 단점 단점 속의 장점
이것 아니면 저것	이것과 저것	통합하여 새로움 창조
긍정 또는 부정	긍정과 부정	긍정 속에 부정 부정 속에 긍정
대립, 갈등, 독재	균형, 연결, 어울림	숙성, 발효, 맛의 창고
일반적 소통	상호적 소통	설계적 소통
나는 맞고 너는 틀리다	나도 옳고, 너도 옳을 수 있다.	나도 옳고 너도 옳다. 그리고 더 옳은 것을 찾아보자
흑백논리	양극단 인식	변혁적 논리

(2) 최적안의 선정

선정기준을 수립하여 문제(what), 원인(why), 방법(how), 예상되는 결과를 고려해서 여러 가지 해결안을 평가하고, 그 중에서 가장 효과적인 해결안을 선정하는 단계이다. 최적안을 선정하는 기준은 매우 다양하다. 일부 예를 소개하면 다음과 같다.

① 장 · 단점 분석 기법(Pros/Cons Method)

각 대안의 장점과 단점을 나열하여 종합적으로 비교 분석하는 기법으로 결과를 정량화하기 어려운 대안을 평가할 때 유용하다.

② Pay-off 매트릭스법

Pay-off 매트릭스법은 의사결정 도구 중 하나로, 여러 가지 대안에 대한 비용과 효과를 비교하여 최적의 선택을 할 수 있도록 도와주는 방법이다. Pay-off 매트릭스법은 다음과 같은 단계로 진행된다.

㉠ 문제를 정의하고, 해결할 수 있는 대안을 도출한다.

㉡ 각 대안에 필요한 비용과 기대할 수 있는 효과를 측정하거나 추정한다.

㉢ 비용과 효과를 기준으로 각 대안을 사분면에 배치한다. 사분면은 다음과 같이 구분된다.

- 그랜드 슬램(Grand Slam): 비용이 낮고 효과가 높은 대안, 최우선적으로 실행
- 퀵 위너(Quick Winner): 비용이 낮고 효과가 중간인 대안, 쉽게 실행할 수 있음
- 메이저 프로젝트(Major Project): 비용이 높고 효과가 높은 대안, 장기적으로 계획하고 실행
- 챌린지(Challenge): 비용이 높고 효과가 낮은 대안 재검토하거나 폐기

㉣ 사분면에 배치된 대안들을 우선순위에 따라 선정하고, 실행 계획을 수립한다.

Pay-off 매트릭스법은 객관적이고 일관된 의사결정을 가능하게 하며, 다양한 관점에서 대안을 평가할 수 있다. 그러나 비용과 효과를 정확하게 측정하기 어려운 경우에는 신뢰도가 떨어질 수 있기 때문에 주의해야 한다.

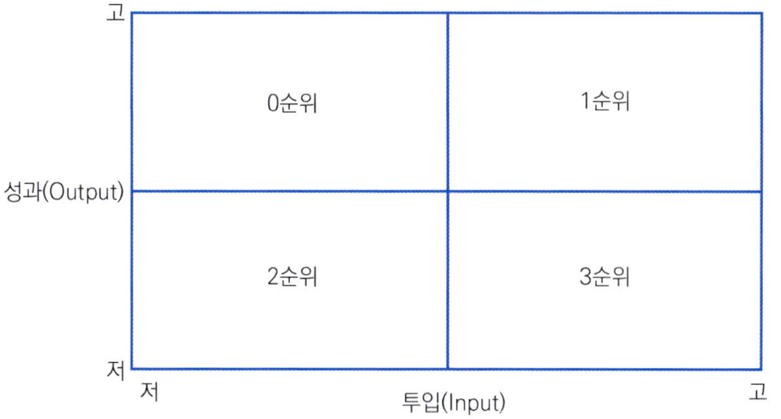

③ 준거평정법(Criteria Rating Method)

준거평정법은 명확하게 정의된 준거를 마련하여 각각의 준거에 대한 대안의 점수를 매겨 합계를 내고 그 중에서 가장 우수한 대안을 최적안으로 선정하는 방법이다. 준거평정법은 팀 구성원이 합리적으로 받아들이기 쉬운 방법으로 최적안이 선정되면 실행이 쉽다.

준거평정법은 팀이 여러 가지 대안 가운데 하나를 선택해야 하는 상황에서 결정을 내리는 이유가 명확해야 할 때, 상호대립되는 대안 중에서 팀원과의 합의가 필요해 객관적인 의사결정이 필요할 때, 결정에 대해 다른 사람들의 지지가 요구될 때 필요하다. 준거평정법의 순서는 다음과 같다.

㉠ 대안을 열거한다.
㉡ 결정 준거 마련을 위해 브레인스토밍한다.
㉢ 각 준거의 중요도를 결정한다.
㉣ 평가척도를 구성하고 대안을 평가한다.
㉤ 최종점수를 계산하여 최적안을 선택한다.

6. 실행 및 평가

최적안 실행을 위한 실행계획을 수립하고 실행하여 그 결과를 피드백하고 평가하는 단계이다.

절차	실행계획수립	실행	Follow-Up
내용	최적안 실행을 위한 구체적인 계획수립	실행계획에 따른 실행과 모니터링	실행 결과에 대한 평가

(1) 실행계획수립

실행계획수립은 무엇을(what), 어떤 목적으로(why), 언제(when), 어디서(where), 누가(who), 어떤 방법으로(how)에 대한 답을 가지고 계획하는 단계이다. 자원(인적, 물적, 예산, 시간)을 고려하여 수립해야 한다. 실행계획은 세부 내용의 난이도를 고려하여 구체적으로 수립하는 것이 좋다. 각 해결안별로 구체적으로 실행계획서를 작성하여 실행의 목적과 과정별 진행 내용을 명확하게 파악하는 것이 필요하다.

(2) 실행 및 팔로업(Follow-up)

실행은 가능한 것부터 하고, 해결안 실행 과정에서 나온 문제점을 해결해 가면서 해결안의 완성도를 높여 일정 수준에 도달하면 전면적으로 전개하는 것이 필요하다. 즉 시범 실행을 통해 문제점을 발견하고, 이를 보완한 후 전면적으로 실시해야 한다는 것이다. 특히 실행의 문제점과 장애요인을 신속하게 해결하기 위해서 지속해서 모니터링을 하는 것이 바람직하며, 모니터링을 할 때는 다음과 같은 사항을 고려해야 한다.

① 바람직한 상태가 달성되었는가?
② 문제가 재발하지 않을 것을 확신할 수 있는가?
③ 사전에 목표한 기간 및 비용은 계획대로 지켜졌는가?
④ 혹시 또 다른 문제를 발생시키지 않았는가?
⑤ 해결책이 주는 영향은 무엇인가를 고려해야 한다.

문제해결절차를 실습할 수 있는 워크시트

문제: ______________________________

■ **1단계 - 문제인식**

- 상황분석(SWOT 또는 7S 모델 분석을 통해 문제가 발생한 환경을 분석해 보자)

- 과제 도출(환경분석 결과를 검토하여 해결해야 하는 주요 과제안을 도출해보자)

과제안 1:

과제안 2 :

■ **2단계 - 문제도출**

문제의 구조를 Logic Tree를 사용해서 구조화하자.

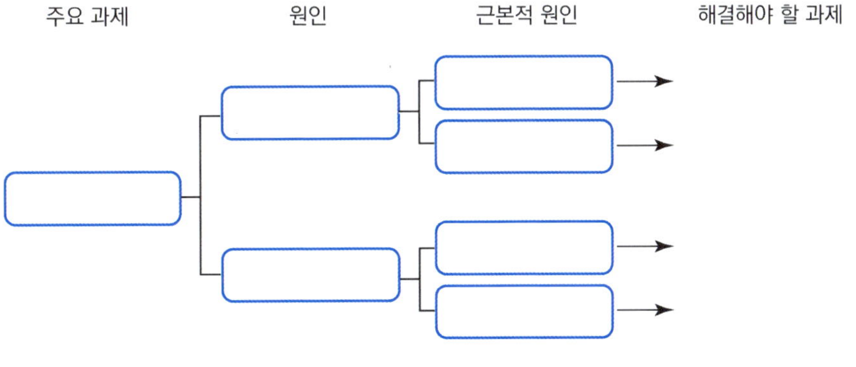

■ **3단계 - 원인분석**

Logic Tree에 제시된 원인 중 통합하거나 삭제할 수 있는 원인은 삭제한 후 최종 원인을 도출하자.

최종 원인 :

■ **4단계 - 해결안 개발**

중요도와 실현가능성을 고려하여 해결안을 도출하자.

해결책	중요도		실현 가능성			종합평가	채택여부
	고객 만족도	문제해결	개발기간	개발능력	적용 가능성		

■ **5단계 - 실행**

해결안을 실행하기 위한 실행계획을 세워보자.

1. 목적

2. 방법

3. 기간

4. 대상

출처: 한국산업인력공단(2017). 기초직업능력프로그램 문제해결능력 교수자용 워크북

HR INSTITUTE(2005). 문제해결 툴킷. 서울: 새로운 제안.
LG산전(2005). 문제해결스킬과정. LG산전 연수교재.
강미희, 고현, 홍남희(2017). 문제해결능력. 경기: 정민사.
금진호, 김만석, 김형미, 박일순, 박현철(2019). 문제해결능력. 경기: 양성원.
김홍식(2000). 씽커토이. 서울: 서해문집.
노양진(2004). 논리적 사고의 길. 전남대학교 출판부.
다카하시 마코토(2004). 창조적 발상의 기술. 서울: 매일경제신문사.
돈 코버그 외(2002). 창의적 문제해결(상), (하). 서울: 알파경영혁신센터.
로렌 슬레이터(2018). 스키너의 심리상자 열기. 에코의 서재.
류선정, 나승빈, 김봉선, 정수정, 김성현, 김은혜, 최세용, 문보현, 김숙이(2017). 세계 최고의 교육법. 서울: 이마.
박은진, 김희정(2004). 비판적 사고를 위한 논리. 서울: 아카넷.
브리안 매티모어(2000). 지금의 문제 창의력으로 해결한다. 서울: 평민사.
사이토 요시노리(1997). Pro의 문제해결. 서울: LNI컨설팅.
어선선(2001). 문제해결의 여러기법. 서울: 갑진출판사.
오마에 겐이치(2005). 맥킨지 문제해결의 기술. 서울: 일빛.
와타나베 파코(2005). 비즈니스 논리기술. 서울: 푸른솔.
이규은(2022). 자기계발과 직업. 서울: 동문사.
제프 모지(2004). 창의력 주식회사. 서울: 푸른숲.
조윤제(2020). 다산의 마지막 습관. 청림.
존 어데어(2001). 창의력으로 자신을 차별화하라. 한국능률협회.
크리스토퍼 호에닉(2004). 문제해결 법칙. 서울: 예문.
피터 팬드 외(2002). 6시그마 팀 필드북. 서울: 물푸레.
한국산업인력공단(2017). 기초직업능력프로그램 문제해결능력 학습자용/교수자용 워크북. 진한엠앤비.
한국산업인력공단. 기초직업능력프로그램 정보능력 학습자용/교수자용 워크북.
https://m.ncs.go.kr/common/file/viewFile2.do?mgmtNo=40
https://m.ncs.go.kr/common/file/viewFile2.do?mgmtNo=39

참고문헌
REFERENCE

한국생산성본부(2003). 창의력 개발 과정. 한국생산성본부 연수교재.

호미 기미토시(2003). 문제해결을 위한 퍼실리테이션의 기술. 서울: 일빛.

Blass, T.(2004). The Man Who Shocked the World: The Life and Legacy of Stanley Milgram.

Von Püttjer – Schnierda. Problemlösungsfähigkeit: 11 Beispiele, Fragen, verbessern, Bewerbung

https://www.karriereakademie.de/problemloesungsfaehigkeit

Problemlösungskompetenz. Definition, Beispiele, Tipps.

https://www.jobteaser.com/de/advices/problemloesungskompetenz-definition-beispiele-tipps

AUTHOR 저자소개

정 수 정

독일 빌레펠트 대학교(Universität Bielefeld)에서 교육학을 전공하여 학/석사학위(Dipl.)를 받고 독일 유스투스 리비히 기센 대학교(Justus-Liebig- Universität Giessen)에서 교육학(교육연구/평가)을 전공하여 박사학위(Ph.D)를 취득하였다. 현재 서경대학교 인성교양대학 교수/교육과정혁신·인증센터장/문제해결역량 주임교수로 재직하고 있다.

창의적 문제해결

초판 1쇄 인쇄 / 2023년 8월 25일
초판 1쇄 발행 / 2023년 8월 30일

저 자 / 정 수 정
발행인 / 이 중 수
발행처 / **동 문 사**

서울특별시 서대문구 홍제원 1길 12
(홍제동 137-8)
Tel: 02)736-3718(대), 736-3710, 3720
Fax: 02)736-3719
등록번호: 1974.04.27. 제9-17호
가격: 18,000원

ISBN: 979-11-6328-547-2 (93370)
E-mail: dong736@naver.com
www.dongmunsa.com